L'Affaire du boucher du Vieux-Lille

Du même auteur

Lanfeust de Troy (8 tomes), avec P. Bousquet, Hachette Jeunesse, Bibliothèque Verte

Lanfeust de Troy (1 tome), avec P. Bousquet, Hachette 2003

Skyland, roman, Hachette, 2007

Christophe Debien

L'Affaire du boucher du Vieux-Lille

Collection polars en nord
dirigée par Gilles Guillon

RAVET-ANCEAU
ÉDITEUR DEPUIS 1853

Dans la collection
polars en nord

1. *Le Vagabond de la baie de Somme,* de Léo Lapointe
2. *L'Anneau de la Myère,* de Jean-Christophe Macquet
3. *Gérard de Waben,* de Jean-Christophe Macquet
4. *La Morte du canal,* d'Emmanuel Sys
5. *Mort à Dunkerque,* de Christophe Lecoules
6. *La Foire aux manèges,* de René Cyr
7. *L'Affaire du boucher du Vieux-Lille,* de Christophe Debien
8. *Drame au cap Gris-Nez,* de Christine Desrousseaux
9. *Les Peupliers noirs,* de Lucienne Cluytens
10. *Les Jurés de Saint-Omer,* de Jean-Pierre Fauchoix
11. *La Tour de Lille,* de Léo Lapointe
12. *Vacances picardes,* de Philippe Sturbelle
13. *Chiens d'Arras,* de J. Wouters
14. *Bienvenue à Dunkerque,* de Maxime Gillio
15. *Épluchures à la lilloise,* de Sandrine Rousseau
16. *Nord Western,* de Gwen Orval

Titre original : *La nuit de l'ange*

5, rue de Fives, BP 90019, 59651 Villeneuve-d'Ascq cedex.
ISBN : 978-2-9146-5717-4
EAN : 9782914657174

À Celle sans qui je ne serais rien,
À cet Ange sans qui je ne serais plus
À Ceux sans qui je n'aurais jamais été,
À tous les Autres
sans qui je n'aurais jamais été tout à fait,
À Celui, il se reconnaîtra,
sans qui je ne serais pas tout à fait moi. .

Chapitre 1

No comment

Ange regardait l'acier chromé du bistouri fouiller ses chairs. Il suivait les mouvements de la lame qui séparait avec application l'épiderme de l'inextricable fouillis sanguinolent recouvrant les muscles de son visage.

Le métal écartait les lambeaux de graisse agglutinés autour des veines, dégageait les fibres tendineuses. Peu à peu, ses traits s'affaissaient, vidés de leurs reliefs.

Ange voulut hurler. Mais quelque chose empêchait ses mâchoires de s'écarter. Quelque chose qui mordait ses lèvres à chaque fois qu'il voulait les entrouvrir.

Cousues ! Elles étaient cousues !

Et pourtant la douleur ne venait pas. Comme s'il était déjà mort. D'ailleurs, il ne sentait même pas son corps.

Il ne voyait que ces mains dans le reflet du scialytique, qui mutilaient son visage.

Deux mains gantées de plastique hypoallergénique, taille 37 ½.

Sa taille.

Échappant à toute logique, son cerveau se mit alors à échafauder des hypothèses. Un réflexe. Rien d'autre.

Ange savait – il l'avait appris – que les victimes placées en situation extrême se réfugiaient dans un état proche de l'hypnose.

Pour échapper à l'horreur, le cerveau produisait des hallucinations apaisantes. Un souvenir, une scène banale. Quelque chose de familier auquel se raccrocher.

Juste pour se rassurer et mourir en paix.

Ange soupira. Entre son diplôme de psychiatre et son quotidien de légiste, il aurait du mal à trouver une image rassurante.

Mais bon, on ne maîtrise pas toujours ses propres pensées.

Ange décida de se laisser aller.

Il fallait comprendre, analyser.

Son regard s'affola un instant, cherchant à saisir des éléments, des indices qui l'aideraient à appréhender ce qui se passait.

Il se concentra sur les quelques bribes d'informations qu'il parvenait à capter. L'être qui était en train de l'écorcher vif était droitier, sans aucun doute. De race blanche : il pouvait apercevoir ses avant-bras. Un professionnel : ses gestes étaient sûrs, précis.

Chirurgien, boucher ou quelque chose d'approchant. Médecin légiste, peut-être…

Ange fut envahi par un soudain malaise. Il connaissait cet homme.

Un mètre soixante-quinze, un mètre quatre-vingts, plutôt sportif. Une silhouette qui lui rappelait quelqu'un de familier. Un proche ? Mais qui pourrait bien lui en vouloir à ce point ?

Et pourtant, cette gestuelle… Cette façon si particulière de tenir les ciseaux à disséquer… Cette application obsessionnelle à épargner le moindre filet nerveux, la moindre artériole…

Tout cela, il l'avait déjà vu. Des centaines de fois, il en jurerait.

Si seulement l'homme pouvait se décaler de quelques centimètres. Il pourrait apercevoir le contour de son visage, un détail que son cerveau physionomiste ne manquerait pas de reconnaître.

Et alors ?

Alors, il trouverait peut-être quelque chose à faire, quelque chose pour ramener le monstre qui le torturait vers d'autres dispositions. Ou au moins, il pourrait essayer de comprendre, de savoir pourquoi il allait mourir.

Un bruit interrompit ses réflexions. Le son d'une chose molle qui tombe dans un liquide. La peau de son visage ! Il en était certain.

Ange posa son regard sur la lampe chirurgicale qui le surplombait. Erreur. Il aperçut les muscles mis à nu. L'ivoire des os saillant sous les chairs. Ses chairs L'homme choisit cet instant pour s'approcher. Une seconde, à peine. Une seconde suffisante pour qu'Ange identifie son bourreau.

Ses yeux s'écarquillèrent de surprise L'homme qui se penchait au-dessus de lui avec un sourire satisfait lui ressemblait trait pour trait !

Ange sentit que son cerveau vacillait.

Alors vint la douleur. Les milliards de fibres nerveuses de son visage se réveillèrent.

Ensemble.

Ange eut l'impression que l'on venait de lui greffer un masque de fils barbelés. Et quand enfin il parvint à hurler, ses lèvres se déchirèrent dans un flot de sang.

Chapitre 2

> Folie : particule instable à haute énergie émotionnelle générée par excès de réalité (voir ce terme).

Deux heures du matin.

Cent vingt minutes après minuit, soit moins de sept mille deux cents secondes passées entre les bras de Morphée. Décidément les cadavres ne savaient plus se tenir.

C'est vrai quoi, deux heures du matin, c'était pas une heure pour mourir !

Mais vu le cauchemar que je venais de faire, je n'étais pas fâché d'être réveillé. Je me levai d'un bond et courus devant le miroir de la salle de bains vérifier que j'étais bien revenu sur le plancher des vaches. L'eau glacée sur mon visage acheva de me rassurer.

Enfin, disons plutôt que je trouvais rassurant de sentir encore le froid sur mon épiderme mal rasé.

En revanche, ce foutu cauchemar – c'était la troisième fois en moins d'une semaine – commençait sérieusement à m'inquiéter. J'avais beau me raccrocher à papa Freud et à ses théories sur les frasques nocturnes de l'inconscient, je me disais qu'il faudrait que je m'en débarrasse au plus vite. Du cauchemar, pas de papa Freud. Celui-là, il pouvait encore servir.

J'en étais là de mes réflexions lorsque mon bip se mit à carillonner : quelques grammes d'horreur sonore mis au point par un obscur sadique pour me rappeler que j'étais de garde et qu'il y avait urgence. Enfin, ce genre d'urgence qui m'attendait sagement au fond de l'un des casiers réfrigérés de l'Institut de médecine légale. Et maintenant j'allais devoir traverser toute la ville, transi dans ma 2 CV poussive.

Pourtant, je ne pus m'empêcher de sourire : Vanacleef, le professeur, était en vacances quelque part au fin fond du brouillard londonien et j'allais pouvoir opérer seul. Un cadavre rien que pour moi ! Probablement un assassinat puisque j'avais hérité in extremis du bip personnel de Vanacleef. Et comme on ne dérangeait pas un professeur pour un simple suicide, j'avais toutes les raisons d'espérer…

Les accords langoureux de percussions orientales résonnaient déjà dans les couloirs défraîchis de l'Institut tandis que je croisais les deux gendarmes qui venaient de déposer le corps. Saluant ma blouse blanche – enfilée à la hâte sur le parking – ils m'interpellèrent :

– Inutile de vous presser toubib, le travail est déjà presque fait.

– Comment ?

– Oh, vous allez vite comprendre en la voyant.

– Ah ?

– On l'a trouvée passage des Trois-Anguilles, un vrai puzzle ! Bon courage pour l'identification !

– Merci.

J'ai toujours eu beaucoup de mal à communiquer avant d'aller découper l'un de mes semblables, et la seule chose qui m'apaise vraiment c'est la musique d'Aziz « La Gargouille », le bien-nommé.

Cent vingt kilos d'un amalgame équilibré de muscle et de graisse, un cœur gros comme une baleine et un visage sans âge raviné de cicatrices lui valaient sans conteste son surnom.

Il me semblait l'avoir toujours connu.

Depuis mes premières dissections pendant les cours d'anatomie jusqu'à mon doctorat de spécialité, il hantait les sous-sols de l'université ou de l'Institut. Gardien des âmes envolées, sentinelle des corps abandonnés, Aziz semblait officier là depuis la nuit des temps.

Je n'étais jamais parvenu à en savoir plus sur lui, et même maintenant que je partageais son intimité professionnelle, nos sujets de conversation se limitaient à un échange de blagues cyniques ou de recettes de cuisine traditionnelle.

Marocain, Algérien ou Libanais, l'origine d'Aziz restait un mystère, mais ses talents culinaires le cantonnaient de l'autre côté de la Méditerranée.

Je m'approchai de la table de dissection chromée en savourant à l'avance le repas rituel que La Gargouille me proposerait après la « nécrops ». Aziz se retourna brusquement et l'expression que je lus sur son visage stoppa net mon élan.

– Ah, c'est toi petit… Je pensais que c'était le tour du professeur.

– Désolé, Aziz, ce n'est que moi. Mais pour me faire pardonner, je t'ai apporté les secrets de la carbonnade flamande…

– Pas ce soir, petit, pas ce soir.

Il semblait bouleversé et les sonorités des chants orientaux me semblèrent tout à coup sinistres. Inquiet, je fis mine de m'avancer pour apercevoir le cadavre.

– Mais bon dieu, qu'est-ce qui se passe ? T'as vu un fantôme ou quoi ?

– Attends, dit-il en me repoussant avec fermeté, attends, il faut que je te prévienne, cette fois c'est du sérieux.

Intrigué, je me dégageai d'un coup d'épaule. J'allais répondre à Aziz quand j'aperçus le corps.

Boucherie, fut ma première pensée.

Je n'en eus pas de seconde. J'allais vomir dans le lavabo, les yeux emplis de larmes.

« Sujet de sexe féminin, type caucasien, mesurant probablement 1 m 65 pour 50 kilos. Mensurations et poids ne peuvent être déterminés avec précision en raison de l'aspect fragmentaire et incomplet de la dépouille, par ailleurs en excellent état de conservation.

L'examen superficiel en décubitus dorsal montre une large plaie médio-thoracique réalisée avec un objet très affûté et révélant la cavité cardiaque. On note l'absence du cœur.

De nombreuses scarifications agencées en autant de petits signes cunéiformes sont organisées selon un motif complexe sur le haut de l'abdomen et la racine des membres supérieurs. Ces derniers, tout comme les membres inférieurs, sont par ailleurs subluxés en position anormale.

Les extrémités des quatre membres sont manquantes et les moignons semblent avoir été cautérisés grossièrement.

On note la présence d'un corps étranger métallique enfoncé au niveau des parties génitales.

Enfin, les cheveux semblent avoir été arrachés par poignées, complétant les mutilations du visage : ablation du nez et des oreilles, énucléation bilatérale.

L'examen en décubitus ventral retrouve les scarifications déjà notées, recouvrant cette fois-ci l'ensemble du dos.

La cause de la mort ne peut être déterminée avec certitude avant nécropsie complète, les différentes mutilations ayant pu être réalisées post-mortem.

Fin de l'analyse superficielle, prélèvements toxicologiques effectués. »

J'avais réussi à conserver un ton professionnel durant cet examen préliminaire, m'efforçant de décrire froidement ce que je voyais, me gardant de toute initiative imaginative : « L'imagination tue la raison », encore un aphorisme de ce bon vieux Vanacleef. Mais maintenant j'avais besoin de prendre l'air avant de m'attaquer à l'autopsie proprement dite.

Six heures du matin. J'avais laissé La Gargouille étiqueter avec soin chacun des organes, passer un coup de jet sur la table de dissection et ranger la dépouille dans l'un des rares casiers réfrigérés encore en état de marche. Je m'étais changé lentement, passant longuement mes mains sous l'eau pour tenter d'effacer les visions d'horreur que mon cerveau refusait d'oublier. La nécropsie avait duré près de quatre heures et nous étions tous deux épuisés.

Le laborieux travail de fermeture s'était déroulé dans un silence quasi-surnaturel. Aziz restant muré dans un mutisme respectueux, nous n'avions pas eu le cœur de réenclencher un CD.

J'avais décidé de rentrer chez moi en attendant l'arrivée de Vanacleef prévenu par La Gargouille. En effet, le grand professeur avait écourté son séjour londonien pour s'occuper en personne de cette affaire pour le moins inhabituelle.

J'avais donc quelques heures devant moi et je m'étais promis de passer au labo pour récupérer les résultats des analyses avant de réintégrer l'Institut.

En parcourant les rues de la ville, je fus frappé par l'agitation. Des bandes éméchées surgissaient des pubs embrumés sous l'œil harassé des prostituées.

Une urgence de vie qui contrastait cruellement avec mes dernières activités.

Je retrouvai la sereine ambiance de mon appartement avec soulagement. Je me déshabillai en hâte et m'affalai sur le lit.

Soudain, comme pour mieux exorciser ma cervelle saturée de visions sanglantes, je repensai à cette rencontre qui, la veille, m'avait laissé perplexe. Une « ex », lutinée jadis sur les bancs de la fac, qui semblait en quête d'un retour aux sources.

Je m'allongeai en croisant les bras sous ma tête et projetai son image sur l'écran de mes paupières closes. Je revis les courbes pulpeuses de la jeune femme, imaginant le contact de son corps, l'odeur de sa chevelure. Et je me laissai glisser dans la chaleur d'une rêverie érotique.

Chapitre 3

Réalité : noyau insipide à géométrie prévisible engendrée par carence de folie (voir ce terme).

« Lors des accouchements clandestins à domicile, la plupart des meurtres de nouveau-nés sont perpétrés par la mère en personne : elle étouffe elle-même son enfant sous un oreiller ou un substitut adéquat, ne pouvant supporter les premiers cris du nourrisson… »

Définitivement assommé par cette dernière phrase, je refermai mon volumineux ouvrage de *Criminologie clinique* et massai mes yeux douloureux de fatigue.

Après l'autopsie, je n'avais dormi que quelques heures.

J'attendais avec une impatience difficile à contenir le coup de téléphone d'Aziz pour rejoindre le professeur à l'Institut. Il devait être rentré à présent.

Mais rien.

Pas l'ombre d'une vibration de mobile, pas le moindre bip.

Alors, j'avais fini par me replonger dans la rédaction de mon mémoire de thèse. Ce fameux ouvrage qui achèverait ma mutation : j'abandonnerais définitivement ma défroque de psychiatre pour celle de légiste.

« Drôle de choix, avait murmuré mon père. Tu devrais pas faire chirurgie, plutôt ? »

Je ne le voyais qu'une fois par an au maximum et, à chaque fois, je comprenais pourquoi.

En attendant, cette foutue thèse n'avançait pas. Vanacleef – allez savoir ce qui m'avait pris de le choisir comme directeur de recherche – serait furieux.

Il faut dire que vouloir établir des liens entre la médecine légale et l'art pluriséculaire de la taxidermie n'était pas une idée simple à défendre. La plupart de mes professeurs criaient déjà au scandale alors que je n'avais même pas trouvé le titre de mon travail.

Seul Vanacleef, le professeur, avait été séduit par cette idée saugrenue.

Alors, pourquoi pas ?

Je m'étirai bruyamment, me levai pour tirer les rideaux et ouvrir la fenêtre au grand air. Aveuglé par la luminosité du soleil, je restai un moment là à contempler l'agitation toute commerciale de la rue. Puis je me décidai à ressusciter l'être urbain qui sommeillait en moi.

Dehors.

Je sortais avec la sensation d'être hors du monde, un observateur tombé d'une autre planète. J'assistais, hébété, au ballet incessant de l'un de ces samedis après-midi dont la Ville a le secret : quelques milliers d'êtres humains agglutinés sur les pavés, léchant avec une ardeur grégaire une myriade de vitrines tentatrices.

Rue Esquermoise, je me frayai un chemin parmi cette foule ensoleillée et débouchai sur la Grand-Place où toute la jeunesse de la région s'était donné rendez-vous.

Devant la fontaine, quatre adolescents vêtus de bleus de travail taggés jonglaient au rythme d'une musique

New Age crachée par un poste saturé d'autocollants. Ils semblaient ignorer l'effervescence alentour, évoluant dans une sorte d'univers parallèle condamné à un éternel ralenti. Je m'arrêtai quelques instants. Le plus petit d'entre eux se mit à téter une bouteille d'essence avant de souffler une longue gerbe de flammes vers le ciel azur.

Soudain, la réalité se chargea de ramener mes neurones embrumés en terre flamande. En un instant, je fus submergé de sensations : frôlements brusques des passants, odeurs écœurantes de sueur et de nourriture, tumulte de la masse grouillante. J'abandonnai alors mon projet d'aller siroter un verre de moelleux à la terrasse d'un café et préférai me diriger vers l'ombre et le calme de la Vieille Bourse.

Sous l'œil inquisiteur d'une fleuriste noyée dans ses bouquets multicolores, je pénétrai dans la cour et me dirigeai vers le parfum apaisant des ouvrages jaunis de mon bouquiniste préféré.

Caressant les Poches fatigués, je jetai un regard amusé sur Bob : ni monsieur Bob, ni Bob le Libraire. Bob tout court, c'était le seul nom que je lui connaissais.

Il somnolait entre deux piles instables de vieux journaux, une main posée sur l'échiquier installé devant lui. Il dormait à poings fermés mais, de temps à autre, ses doigts déplaçaient une pièce, tantôt les noirs, tantôt les blancs : bref, il jouait !

La première fois que l'on assistait au phénomène, on restait fasciné par l'envol régulier des doigts vers le jeu, geste ponctué de quelques ronflements satisfaits.

Comme animé d'une vie autonome, le corps de Bob bâtissait tactiques et contre-attaques sans faute et avec un certain talent.

Certains courageux s'étaient même essayés à affronter Bob lors de ses siestes. Ils y avaient perdu et la face et la partie.

Ensuite venait la phase du doute et de la rationalisation. On observait, durant de longues heures, à l'affût du moindre trucage.

En vain.

Enfin, il fallait s'y résoudre : Bob était le seul joueur d'échecs somnambule jamais recensé au monde !

Me détachant de ce prodige familier, je dénichai un vieux Brautigan et allai m'installer sur une collection complète de *Newlook*. Je tournais les pages machinalement, parcourant d'un œil absent un texte que je connaissais par cœur et laissais mon regard errer à sa guise : travelling sur les façades jaunes et roses de la cour intérieure, zoom sur les frises de masques grimaçants, retour sur les badauds fouineurs…

Ma rêverie fut interrompue par l'intrusion dans mon champ visuel d'un couple pour le moins insolite : un vieil homme tout droit sorti d'une gravure vénitienne qui donnait le bras à une splendide rouquine qui aurait pu (dû) être sa fille.

Je levai la tête pour mieux les détailler. Lui, semblable à un Casanova plus que centenaire, avançait noblement en s'appuyant sur une canne d'ivoire. Elle, baskets et liquette maculée de peinture, se déhanchait au rythme impalpable d'une musique intérieure.

Casanova, tel serait son surnom dans mon agenda intime, portait de minuscules besicles fumées qui dissimulaient ses yeux. Elle, jetait sur les livres un regard vert d'eau d'une extrême avidité.

Je ne pouvais me détacher de ce curieux appariement en pensant douloureusement à mon laborieux et studieux célibat. Puis je réalisai brutalement que le vieil homme était aveugle et repris espoir quant à la nature des liens qui rapprochaient ces deux êtres.

Ils obliquèrent vers le stand de Bob ; je décidai alors de forcer le destin.

J'allai m'installer aux côtés de mon bouquiniste toujours plongé dans sa léthargie ludique, bien décidé à le remplacer auprès de Casanova et de sa suivante. À présent, je pouvais les observer sans retenue sous le couvert d'une attention toute professionnelle.

Elle s'était arrêtée pour rassembler la masse de ses cheveux en un assemblage complexe qu'elle tentait d'apprivoiser avec un stylo Bic. Pendant ce temps, lui s'était approché des ouvrages les plus rares du stand. Posant sa canne sur le présentoir, il parcourait de ses doigts parcheminés les couvertures plastifiées. Il semblait parfaitement savoir ce qu'il cherchait et faire totalement abstraction de son handicap.

Parfois, il arrêtait son choix sur un livre relié de cuir, extirpait avec précaution le volume de sa protection cellophane et le portait à son visage. Ses narines se dilataient alors, comme pour aspirer les effluves vénérables s'exhalant des pages dérangées. Puis il caressait le relief de chaque mot, de chaque eau-forte, la fibre de chaque feuille, les défauts du cuir comme il aurait parcouru le corps alangui de sa première maîtresse. Un contact sensuel, charnel même.

Enfin, il fixa son choix sur un volumineux ouvrage et appela sa compagne qui, en désespoir de cause, avait fini par nouer ses cheveux en une approximative queue de cheval. Elle s'approcha, examina le livre, vérifia la reliure, jaugea la qualité du papier, huma l'encre puis, dans un sourire lumineux, déclara :

– C'est un original, aucun doute là-dessus…

Le vieil homme sembla satisfait et, l'embrassant sur le front, lui demanda de régler les « détails financiers ».

Alors qu'elle dirigeait vers moi ses yeux verts, je fus pris de panique et décochai un vigoureux coup de coude dans les côtes de Bob pour le réveiller.

Surpris, il renversa l'échiquier en poussant un juron théâtral.

– Par les cornes de Belzébuth, qui ose ? déclara-t-il en me jetant un regard furieux.

Lâchement, je le renvoyai à ses obligations professionnelles, lançant en guise d'excuse :

– Regarde, une cliente…

En l'espace d'une seconde, son visage se transfigura et c'est d'une voix mielleuse qu'il aborda la rouquine amusée par notre manège.

– Que puis-je pour vous, gente dame ?

J'avais beau connaître Bob depuis de nombreuses années, j'avais toujours du mal à supporter le pédantisme affecté qu'il utilisait dans ses rapports commerciaux. Une défense sans doute, pour lutter contre l'extrême pudeur qu'il manifestait dès qu'on le fréquentait plus.

Loin d'être effarouchée par cette attitude inhabituelle, la jeune femme rentra dans le jeu, ponctuant chacune de ses paroles d'un mouvement de tête :

– Bien le bonjour noble marchand, je me propose, s'il vous en sied, d'acquérir ce précieux ouvrage.

J'assistais abasourdi à cette parodie de joute oratoire tandis que les deux protagonistes éclataient simultanément d'un rire bruyant. Les badauds s'arrêtèrent, attirés par cette joie soudaine, alors que Casanova affectait un air faussement courroucé.

Le reste de la transaction se déroula dans un marchandage purement formel et détendu.

Un étrange sentiment m'envahit et je me figeai en dressant une oreille indiscrète. J'appris ainsi que la jeune rouquine était peintre et exposait dans une galerie du vieux Lille appartenant à Monsignore Luccas, son mentor et bienfaiteur, celui que j'avais surnommé Casanova. Elle l'accompagnait régulièrement dans sa quête d'ouvrages rares sur l'art méconnu de la taxidermie. J'interprétais d'ailleurs cette coïncidence – l'intérêt commun que nous portions à cette discipline – comme un clin d'œil encourageant du destin. Et puis, elle parlait de lui avec un respect quasi-filial, ce qui, j'ignorais encore pourquoi, me rassurait.

Bob, quant à lui, ne cessait de relancer la conversation, heureux d'étaler son savoir encyclopédique devant une si jolie jeune femme. Il s'échauffait, s'enflammait, intarissable, véritable histrion en scène.

Casanova, de son côté, semblait s'impatienter, probablement vexé d'avoir trouvé une concurrence aussi brillante. Et moi, je restais fasciné par le mouvement sensuel des lèvres de la jeune femme, la façon dont son nez fin se retroussait, le manège des taches de rousseur sur ses traits mobiles et le subtil parfum exhalé par sa chevelure flamboyante.

Nous étions chacun tellement absorbés par nos rôles respectifs que nous ne remarquâmes pas le changement subit de temps : le vent se levait, dépliant les quotidiens périmés tandis que le ciel se couvrait à une vitesse surnaturelle.

Ainsi la pluie vint bénir cette première rencontre, renvoyant les acteurs dans leurs loges respectives. Quant à moi, je rentrai, le cœur aussi maussade que le déluge qui me gelait les os, me maudissant de n'avoir pu décocher un seul mot. Heureusement, mon portable se mit à vibrer.

Quelqu'un m'offrait une nouvelle chance. Aziz !

Chapitre 4

« Les mors as mors, les vis as vis ! »

Chrétien de Troyes, XIIe siècle.

Fou de rage. J'étais fou de rage.

Non seulement ce salaud de Vanacleef ne m'avait pas fait appeler dès son retour, mais en plus il avait fait disparaître toute trace de mes observations !

J'étais arrivé quelques minutes plus tôt pour apprendre que le « grand professeur » avait repris l'autopsie près de deux heures auparavant non sans avoir, au préalable, convoqué les personnalités marquantes de la justice locale.

Je l'observais à travers la vitre qui permettait aux étudiants d'assister aux autopsies : suffisant, hautain, il dictait son compte rendu en tripotant son nœud papillon.

Comble d'humiliation, il m'avait fait remplacer par un obscur troisième année d'anatomo-pathologie qui œuvrait sur ses directives. Je n'avais qu'une envie : briser la glace qui nous séparait et lui mettre mon poing sur la figure. Aziz, sentant venir l'explosion, me fit opérer un repli stratégique vers la sortie. Hors de moi, je m'en allai sous l'averse soudaine qui semblait vouloir noyer Lille et sa région.

Je m'arrêtai dans un café pour ruminer ma haine devant un verre de moelleux dont je m'étais privé quelques heures plus tôt, et me calmai peu à peu. Le bilan de la journée n'était pas très positif : ma thèse n'avançait toujours pas, l'affaire du siècle était en train de me passer sous le nez et en plus il pleuvait !

La seule chose qui m'apportait un peu de réconfort, c'était le vague souvenir de mon dernier rêve. Ou plus exactement l'envie qu'il avait réveillée au plus profond de mon être. Une envie de chairs mêlées et de draps froissés.

Bien décidé à reprendre les rênes de ma destinée, je sortis mon portable – dieu bénisse cette invention – et composai le numéro magique de S.O.S. Barbara, mon infirmière préférée.

Coup de bol, c'était l'un de ses week-ends *off* !

Barbara : une disponibilité exceptionnelle et un corps à se damner. Elle possédait la plus jolie croupe qu'il m'avait été donné de voir. Deux hémisphères d'une parfaite régularité qui prolongeaient ses jambes sculpturales en un sourire tentateur.

Le reste n'était pas mal non plus : deux seins lourds aux larges aréoles, des hanches généreuses et une peau exhalant les vingt pour cent de métis qui coulaient dans ses veines.

Le goût de ses lèvres, la douceur de ses mèches caméléons – je crois qu'elle était passée par toutes les teintes capillaires possibles et imaginables – et le raffinement de ses caresses avaient toujours eu le pouvoir unique de m'apaiser tout à fait.

Barbara était célibataire. Pas par choix, non. Parce que c'était comme ça, tout simplement. Elle n'était pas de ces femmes que l'on épouse, de ces terres que l'on conquiert pour y bâtir son foyer.

Barbara n'était tout bonnement pas constructible.

Peu à peu, elle avait appris à renoncer aux contes de fées et à leur cortège de princes « déchantants ». Alors elle s'était rendue disponible pour ces graines d'hommes qu'elle voyait défiler, ces apprentis docteurs qui ne savaient pas grand-chose de cette vie qu'ils s'acharnaient à étudier, à disséquer sans savoir la regarder. Ces futurs champions de la nature humaine qui s'épuisaient à la résumer en équations organiques rassurantes mais ô combien fausses.

Barbara les prenait alors sous son aile pour leur ouvrir les yeux. Enfin, ceux qui en valaient la peine. Les autres, elle les laissait devenir de parfaits crétins. Des crétins professionnels, même.

Pour ceux qu'elle avait choisis, elle acceptait de se laisser séduire et elle les initiait lentement à cette vie qu'elle admirait tant. Bien sûr, cela passait par le don de son corps – ça aussi elle l'aimait – mais là ne se résumait pas son intervention : elle leur apprenait à respecter, à écouter, à devenir des êtres humains à leur tour.

Barbara n'était pas constructible, elle était constructrice.

J'avais connu Barbara alors que je n'étais qu'un jeune interne cachant ses incertitudes derrière une suffisance exécrable. Elle exerçait sur la bande d'apprentis psychiatres qui se retrouvaient tous les jours à l'internat une sorte de fascination craintive. Chacun était partagé entre désir et intimidation et personne n'aurait songé à lui manquer de respect. Parfois elle venait partager nos repas, écoutant nos extravagances libertines d'une oreille bienveillante. D'autres fois, elle passait la tête dans le box de consultation, pendant nos gardes, juste pour nous dire qu'elle était là, qu'elle pensait à nous.

Rapidement, elle devint l'égérie de notre groupe, attentive à nos angoisses, témoin discret de nos doutes. Et personne ne faisait attention aux dix années qui nous séparaient.

Le premier qui eut l'honneur de ses faveurs fut mon meilleur ami, un interne brillant dont l'origine familiale garantissait un avenir professoral.

Leur liaison dura trois semaines, trois semaines de deuil pour l'ensemble de l'internat. Puis elle revint dans le groupe, reprenant sa place tout naturellement. Quelques autres eurent leur moment de gloire à leur tour, ayant le privilège de pavaner à ses côtés pendant plusieurs jours.

Son rôle se modifia, et de mère, elle devint initiatrice. Car lorsqu'on passait entre les bras de Barbara, on en ressortait transformé en homme véritable.

Et puis vint mon tour : l'ivresse de son corps, la sensualité de ses gestes, le bonheur de ses instants. Nous restâmes près de quatre mois ensemble car, me disait-elle, j'étais le plus difficile. Son préféré.

À présent, je retournais régulièrement dans son lit comme en une source nourricière. Elle ne posait jamais ni question, ni condition : elle m'ouvrait toujours sa porte.

Je songeais à toutes ces années en la regardant prendre une pincée d'herbe dans une minuscule boîte d'acajou. Elle humectait délicatement la gomme du papier avant de rouler le joint rituel d'après l'amour. Elle gratta une allumette et j'entendis les fibres de tabac grésiller. Elle aspira longuement en se renversant dans les draps encore tièdes de nos ébats. Je pris à mon tour le cône hors-la-loi et envoyai à mes neurones un peu d'oubli en fumée.

Je sentis Barbara glisser entre mes jambes. Je repris une bouffée de marijuana en fermant les yeux.

Et, lorsque ses lèvres trouvèrent l'objet de leur quête, *j'achevai de m'abandonner*.

Chapitre 5

> La vieillesse a ceci de commun avec la taxidermie qu'elle consiste en l'art de mimer la vie avec un mort, mais la seconde conserve beaucoup mieux la peau.

Attablé devant un petit déjeuner copieux, je regardais la ville s'étirer et libérer sa population laborieuse en partance pour un jour comme les autres.

J'avais passé l'intégralité du dimanche dans le lit de Barbara et j'étais sorti de ce linceul, régénéré, ressuscité. J'étais prêt à reconquérir le monde entier.

D'ailleurs les choses commençaient plutôt bien pour un lundi : je dégustai un fabuleux œuf bacon sur une terrasse de la Grand-place et mon répondeur était saturé de messages tous plus positifs les uns que les autres.

Le Musée d'histoire naturelle tout d'abord, qui m'offrait un rendez-vous avec l'un des plus grands taxidermistes de la région dès le lendemain pour mon mémoire.

Aziz, ensuite, qui m'affirmait que le professeur voulait absolument me voir pour discuter de quelques détails sur l'autopsie.

Enfin, j'avais dans la poche les résultats des analyses toxicologiques, résultats qui m'avaient permis d'échafauder une théorie personnelle sur les circonstances de la mort.

Je reprenais l'avantage sur le Destin. Mais je savais que la partie ne faisait que commencer.

Soudain, alors que j'avais résolu de ravaler ma dignité pour aller écouter les bons conseils de Vanacleef, mon œil fut attiré par un reflet roux qui pénétrait dans la Vieille Bourse de l'autre côté de la place. Sans réfléchir ni attendre ma monnaie, je déposai un billet sur la table et me précipitai vers le bâtiment coloré. Je dus attendre que le feu veuille bien m'autoriser à traverser, puis je retrouvai les effluves chamarrés de la cour intérieure : fleurs et vieux bouquins. Je ne m'étais pas trompé, il s'agissait bien de la suivante de Casanova, seule cette fois.

Je remarquai de nouvelles taches de peinture sur sa liquette : écorchés de rouges et de jaunes, courbes de bleus et de verts, une véritable palette vivante. Elle jouait avec un Bic orange tout en poursuivant une discussion enflammée avec Bob. Je décidai d'entrer en scène à mon tour.

– Salut, Bob !

– Tiens, un revenant ! Salut toubib ! tonitrua Bob tout en m'enlaçant avec un enthousiasme exagéré : il était en représentation.

Puis, se retournant vers la jeune femme, il reprit :

– Veuillez me pardonner, mademoiselle, je suis incorrigible. Permettez-moi de faire les présentations : voici Ange « Toubib » François, dans l'ordre de l'état-civil officiel et local… Toubib, j'ai l'honneur de te présenter mademoiselle Ambre, artiste peintre, sculpteur et férue d'art médiéval de son état…

La cérémonie d'intronisation selon Bob dura encore une bonne dizaine de minutes, et je ne pouvais m'empêcher de me dandiner gauchement en souriant à chaque jeu de mots douteux. Elle semblait tout à fait à l'aise, franchement amusée par la prestation du bouquiniste.

Nous nous sommes assis, Ambre et moi, sur l'un des bancs de la cour, tandis que Bob restait debout en face de nous, judicieusement surplombé par une arcade où s'étalait en lettres gravées : « Au génie créatif ! »

Soudain, il s'enflamma, passant d'un sujet de conversation à un autre, suivant une logique interne et implacable. Il s'emportait, enivré par son propre monologue. Il s'agitait en parcourant la cour de long en large.

Il invectivait les badauds effarouchés, prenait à témoin les masques de pierre des façades ou tapait du poing sur l'étal d'une fleuriste ou d'un autre bouquiniste.

Le phénomène prenait de l'ampleur, les commerçants venant ajouter leur gouaille au cyclone Bob, certains allant même jusqu'à le contredire, ultime affront. Bob s'enflait, prenant une aura démesurée, tançant vertement l'importun, essayant de fédérer quelques passants hébétés par cette agitation soudaine. Il régnait une ambiance d'arrière-cour méditerranéenne, et l'on s'attendait à voir surgir quelque imposante matrone armée d'accessoires culinaires choisis.

À mes côtés, Ambre restait silencieuse. Mais on pouvait lire sur son visage toute la truculence de la scène qui se déroulait sous nos yeux.

Lorsque Bob rougissait d'une colère bouillante, elle fronçait les sourcils en arcades courroucées, tandis que son regard virait au sombre. Et lorsque Bob libérait la cataracte de son rire puissant, elle rayonnait de plaisir. On aurait dit une enfant subjuguée par un combat de boxe.

Pour ma part, j'attendais que le rideau tombe, connaissant par avance le dénouement de ces pièces hebdomadaires. Cependant je dus reconnaître que cette fois-ci, Bob se surpassait.

Mais, lorsque l'orage menaça de se transformer en tornade (un fleuriste rubicond qui avait osé soutenir que les griefs de Bob à propos de je ne sais quelle mesure municipale étaient ridicules, venait de recevoir à travers la figure le tome I de l'intégrale des œuvres de San-Antonio), j'intervins pour tenter de calmer tout le monde. Une entreprise délicate que de nombreuses expériences antérieures m'avaient apprise à négocier implacablement : j'invitai tous les belligérants à poursuivre les hostilités autour d'une pinte de bière ambrée !

Dix mots en trois heures, une cinquantaine de lettres en quelque cent quatre-vingts minutes, soit un record absurde d'une lettre toutes les deux cents secondes environ. Voilà tout ce que j'étais parvenu à lui dire ! En échange j'avais obtenu une invitation pour son vernissage, le mercredi suivant, et une poignée de main furtive.

Un peu court pour un début, n'est-ce pas ?

C'était exactement ce que j'avais pensé lorsque avait retenti la plainte suraiguë de mon bip…

Chapitre 6

> « Lorsque tu traverses le désert, garde-toi de maudire les épines du cactus car il te sauvera la vie quand ta gourde sera vide. »
>
> Sagesse « gargouillesque »

La porte était ouverte, béante sur le *sanctus sanctorum* du professeur. Je franchis le seuil en frappant sur le linteau. Provenant de l'antichambre adjacente, la voix de Vanacleef me pria de m'installer, il n'en avait que pour quelques minutes.

J'entendais des bruits d'eau et supposais qu'il se rafraîchissait. J'étais presque gêné par cette promiscuité, que j'oubliai aussitôt en découvrant l'impressionnante décoration des lieux.

Occupant l'intégralité de l'espace derrière le bureau, une imposante vitrine en bois exotique débordait d'objets rituels et sacrés voués au culte vaudou.

Statuettes à l'effigie de dieux baroques, « wangas » de bric et de broc assurant protection et bonheur, « govis » et autres « bouteilles-zombis » vous plongeaient dans l'univers inquiétant des grands sorciers haïtiens.

Aux murs, les photographies monochromes de transes collectives et autres sacrifices sanglants côtoyaient les représentations naïves et bigarrées des principaux « Iwas », les Grands Esprits : Papa Legba, Baron Samdi ou encore la sensuelle Ezili. Enfin, en baissant le regard je m'aperçus que le tapis qui recouvrait pratiquement tout le sol était orné du motif sinueux d'un gigantesque « Vévé », le lien direct avec les puissances invisibles. Ainsi, le docte professeur se plaçait sous la protection de pouvoirs surnaturels : la science sous l'œil de l'ésotérique, étrange rencontre…

Lorsqu'il pénétra dans la pièce, je me levai, remarquant ses traits fatigués. Il me fit signe de m'asseoir et s'installa dans un fauteuil confortable. Fidèle à son habitude, il me fixa longuement, laissant s'installer un silence gênant auquel aucun interlocuteur ne résistait bien longtemps. Ne dérogeant pas à la règle, j'entamai la conversation :

– Mes respects, monsieur. Vous m'avez fait…

– Abandonnons le protocole voulez-vous, monsieur François. Et fermez cette porte s'il vous plaît.

Les hostilités avaient commencé. Sans un mot, j'exécutai son ordre puis m'asseyais de nouveau en courbant l'échine.

– Avez-vous parlé à qui que ce soit de votre dernière autopsie ?

Je savais que Vanacleef n'était pas le genre à tourner autour du pot mais là, il me prenait de court. Et je n'étais pas au bout de mes surprises !

– Non monsieur, je ne crois pas.

– Vous ne *croyez* pas ?

– J'en suis sûr.

– Bien, parfait. Je ne vous cacherai pas que je suis assez contrarié par le déroulement de cette affaire. Tout d'abord, vous prenez l'initiative d'une nécropsie sans m'en référer, puis vous « oubliez » de me remettre les conclusions du laboratoire…

– Mais je…

– Cette mise au point étant faite, je tenais à vous féliciter pour la qualité de votre travail.

Je n'en croyais pas mes oreilles, le Vanacleef, celui que l'on surnommait en cachette « la terreur des Carpates », autant par crainte que par dérision, me faisait un compliment. J'en restais abasourdi.

– J'aimerais d'ailleurs que vous m'exposiez vos conclusions afin d'étayer mes propres hypothèses. Mais avant tout, sachez que cette découverte a fortement secoué nos élus : nous n'avions jamais été confrontés à de tels actes de barbarie ! En conséquence aucune information ne doit filtrer auprès de la presse, c'est clair ?

– Parfaitement, monsieur.

Oubliant toutes mes réticences, je fis un compte rendu exhaustif de mon travail au professeur. En retour, celui-ci vint compléter mon analyse par quelques détails qui m'avaient échappé. Et, au bout de quelques dizaines de minutes, nous échangions sans retenue nos informations. Il me chargea de prendre des notes afin de recenser clairement d'un côté nos certitudes et de l'autre nos pistes de recherche.

« Cadavre n° 1-01-06-04

Rapport initial

Sujet de race blanche, type caucasien. Sexe féminin. Âge approximatif : 20 ans. Non identifiée à ce jour.

Circonstances de la découverte : trouvée au petit matin par un habitant du quartier au milieu du passage des Trois-Anguilles enveloppée dans un sac-poubelle (Voir détails dans le rapport de police).

État du corps : rigidité et livedos cadavériques faisant remonter la mort à moins de vingt-quatre heures. Conservation parfaite. Nombreuses mutilations et traces de sévices corporels.

Heure estimée de la mort : la veille, aux alentours de minuit.

Cause du décès : stress majeur en rapport avec les sévices ? arrêt cardiaque au décours d'une hémorragie massive ? (N. B. : cœur absent).

Analyses toxicologiques urinaires, sanguines, cérébrales et abdominales : présences d'amphétamines à faibles doses, de dérivés morphiniques et de substances végétales en cours d'identification.

Prélèvements cutanés : présence de débris microscopiques dans la couche cornée superficielle, probablement enchâssés sous l'action d'un solvant chimique alcoolique dont l'épiderme a été badigeonné post-mortem.

*Analyse du contenu stomacal : reliquat de comprimés amphétaminiques (ecstasy ? origine pharmaceutique ?), repas du jour (*cf. *détails dans le rapport officiel d'autopsie), corps étrangers d'origine organique animale et humaine (poils, cheveux, ongles, griffes, dents, membres).*

Analyse des mutilations et sévices :

– Section des quatre extrémités (non retrouvées) des membres par un objet lourd et contondant, type couteau de boucherie.

– Cautérisation des moignons par procédé chimique, probablement chaux activée.

– Scarifications ordonnées et symboliques recouvrant l'ensemble du thorax, de l'abdomen et des racines des membres sur leurs faces ventrales et dorsales, réalisées grâce à un objet de type bistouri chirurgical jetable (fragments de métal et de plastique retrouvés sur le corps). Les scarifications semblent par ailleurs représenter de petits signes ou symboles cunéiformes non identifiés.

– Section des appendices nasaux et auriculaires par instrument semblable et énucléation manuelle.

– Ablation du cœur par divers instruments de boucherie ou de chirurgie.

– Lésions génitales réalisées par un instrument rudimentaire en forme de crucifix (ustensile retrouvé dans la cavité vaginale).

Conclusion provisoire : meurtre d'une extrême barbarie perpétré sur un lieu différent de l'endroit de découverte avec mutilations et sévices à connotation rituelle.

L'assassin, probablement droitier, semble maîtriser des notions élaborées d'anatomie ainsi que le maniement d'instruments de boucherie ou de chirurgie.

L'absence totale d'empreinte ou d'indice, la durée présumée (au moins cinq heures) et le caractère systématique de l'acte, excluent un meurtre à caractère impulsif.

Le meurtrier semble ainsi animé par une logique interne et une détermination sans faille qui laissent augurer de l'extrême dangerosité de l'individu. La maladie mentale n'est pas à exclure et pourra faire partie des pistes à explorer en priorité. »

Nous avions passé près de deux heures à rassembler le puzzle de nos constatations pour les coucher sur le papier.

Deux heures, plongés dans un microcosme d'horreur qui avait été jadis un être humain avant de devenir un amas de chairs tuméfiées.

Deux heures sans aucun sentiment, sans aucune autre émotion que nos certitudes scientifiques.

Deux heures à nier notre propre humanité.

Lorsque je refermai enfin le cahier de notes, nous nous sommes regardés longuement, sans prononcer un mot. Vanacleef déploya sa silhouette élancée et extirpa d'une desserte d'acajou une carafe aux reflets ambrés. Je suivais chacun de ses gestes, enregistrant chaque tressaillement musculaire, chaque frémissement cutané comme si mon cerveau visionnait la scène au ralenti. Je percevais avec une acuité extraordinaire l'écoulement de l'alcool, la lourde chute des glaçons. Je me saisis machinalement du verre tendu, anticipant la chaleur de la courte ivresse à venir.

L'air se remplit alors de la bienveillante odeur de tourbe et de malt d'un Lagavulin – un whisky tout droit sorti d'un roman d'Izzo – que j'associai immédiatement et à jamais à cet instant. Décidément, le professeur me surprenait et je me plaisais à découvrir un nouveau point commun avec lui.

Pour un peu, je l'aurais presque trouvé sympathique s'il n'avait pas ajouté d'un ton péremptoire : « Souvenez-vous, M. François, l'imagination tue la raison », me rappelant qu'il avait tronqué sans état d'âme les trois quarts de « nos » conclusions.

Il me raccompagna à la porte, me saluant d'un discret battement de paupière. Son haleine embaumait le whisky et je songeais que Lagavulin serait un surnom qui lui irait à merveille.

Chapitre 7

« Crocodile : animal sensible mais qui a la peau dure. »

P. Djian

La lame avait entamé la peau, juste derrière le maxillaire.

Quelques millimètres à peine mais le sang perlait déjà le long de la plaie.

D'un geste lent, les vieilles mains posèrent le rasoir déplié sur le bord en faïence. Elles se rejoignirent en coupe pour prélever un peu d'eau froide. Le liquide glacé fouetta l'épiderme, nettoyant grossièrement le visage.

Quelques gouttes s'attardèrent au creux des rides avant de s'écouler au fond du lavabo. Le professeur leva la tête et détailla ses propres traits avec une acuité toute professionnelle.

La plaie ne se refermait pas.

Il ouvrit une petite trousse de cuir. Une odeur d'ambre et de santal envahit soudain le minuscule espace. Les doigts tâtonnèrent un instant et se refermèrent sur un petit morceau d'alun. Le professeur le frotta sur les lèvres de la coupure. Il se raidit sous la brûlure de la substance opaline qui stoppa net l'hémorragie.

Enfin, il passa une paume curieuse sur ses joues, son cou. Le relief de sa peau pachydermique restait impeccablement glabre.

Satisfait, il reprit son rasoir, admirant la lame qu'il nettoya sous l'eau. Puis il la passa sur une longue sangle de cuir à aiguiser. Il rangea alors ses instruments et ferma la trousse.

Il passa dans la pièce à côté : une chambre un peu triste, dont les murs recouverts de papier décoloré s'épanouissaient en fleurs surannées. Quelques cadres ornés de daguerréotypes défraîchis s'acharnaient à introduire un peu de vie dans cette atmosphère mélancolique. Les lits jumeaux s'affaissaient sous le poids des draps rêches d'avoir été trop lavés. C'était juste une chambre d'hôtel où le temps s'était arrêté, quelques décennies plus tôt.

Le professeur Vanacleef préleva une chemise blanche dans sa valise posée en équilibre sur une chaise bancale. Il l'enfila d'un geste preste et, sans la boutonner, s'assit sur le rebord de la fenêtre.

En contrebas, la Tamise lui renvoyait les reflets du Londres noctambule. Ce Londres qu'il aimait, *malgré tout*. Seul cet œil titanesque, formé par la grande Roue du millénaire, le mettait mal à l'aise ces dernières années. Une construction démesurée, anachronique et pour tout dire inquiétante.

Il ouvrit la fenêtre pour s'imprégner de l'air froid et humide qui le ramenait, immanquablement, vingt ans en arrière.

Vingt ans qu'il effectuait ce pèlerinage dans cette chambre sordide, entre la Descente au tombeau et la Résurrection. « Curieuse période pour partir en vacances », lui faisait-on remarquer. « La mort ne prend pas de vacances », se gardait-il de répondre.

Et même si tout était résolu à présent, il se retrouvait, chaque année, face à ses fantômes, les spectres de celles qu'il avait perdues vingt ans auparavant, un soir, dans le brouillard.

Le *fog* formait un linceul humide qui engluait la ville, figeant les fumées des cheminées, masquant les couples nocturnes. Les gouttelettes en suspension diffractaient la moindre lumière en halos colorés, dispersant les lueurs au vent fétide du fleuve. Londres, en ces heures tardives, n'avait pas à rougir des clichés qui lui collaient à la peau. Cette nuit-là, *le souffle du dragon* avait envahi la ville, invoqué par un Merlin à la sauce Boorman.

Cette nuit-là, tout semblait possible.

Le rire de la jeune femme fendait le brouillard comme l'étrave d'un brise-glace, chassant la moiteur qui tentait de piéger le couple. Un homme, dont le complet gris s'accordait avec son regard et lui donnait quelques années supplémentaires, et son épouse qui s'extasiait à propos du moindre détail. Ces drôles de cabines téléphoniques quadrillées de bois rouge, ces sirènes de police au timbre d'Amérique et ces inévitables taxis noirs.

Elle découvrait tout cela pour la première fois de sa vie. Lui, famille aisée oblige, avait l'impression de revivre son adolescence, les étés passés à perfectionner la langue et butiner la chair rose de ses premières amours.

Elle exhalait une insouciance légère et distinguée à la fois, comme ces femmes du monde qui peuplent les romans de Fitzgerald. Lui, sentait le vieux cuir et le tabac, le lycée privé et les week-ends au Touquet : deux êtres-miroirs, copies antinomiques et complémentaires.

En cet instant, ils étaient heureux, tout simplement.

Puis tout avait basculé. Deux individus de sexe masculin, type caucasien, corpulence moyenne – selon le rapport de police – les guettaient dans l'ombre d'une impasse.

– Hey, bloody frogs ! Giv'us your money and shut up !

Le docteur Vanacleef – futur agrégé, murmurait-on dans les couloirs de la faculté de médecine – avait immédiatement compris qu'il était inutile de discuter. Les deux hommes suintaient l'alcool, le racisme et le désespoir. La cocaïne aussi, pour le plus jeune.

Il sortit son portefeuille, tendit sa montre ainsi que le collier qu'il venait d'offrir à sa jeune épouse.

Mais cela n'avait pas suffi.

Elle était belle.

Trop belle, sans doute.

Vanacleef se souvenait de l'odeur du commissariat, des ordres auxquels il ne comprenait plus grand-chose. Des *bobbies* et de leurs mines défaites. Des clochards qui empestaient la bière. Il se souvenait de chaque détail avec une acuité particulière. Un film qui ne cessait de passer et de repasser en boucle depuis près de vingt ans.

C'est le médecin légiste qui lui avait appris qu'Élisabeth était enceinte d'une petite fille. « De deux mois environ », avait-il précisé doctement.

Le jeune Vanacleef s'était effondré. Pour la première fois de sa vie. Pour la dernière aussi. Il était entré dans un pub – *The French Corner*, ironie du hasard oblige – et s'était saoulé jusqu'à la nausée.

Le lendemain, il jura de retrouver ceux qui lui avaient tout pris et il resta à Londres. Il abandonna tout, son métier, ses amis, sa famille. Il attendit les résultats de l'enquête, dépensant ses économies, puis celles de son père, avant de commencer à vivre dans des chambres minables. L'enquête n'avançait pas et le commissariat en avait plus qu'assez de ce *French doctor* qui les harcelait toutes les semaines dans un état d'ébriété avancé. Une déchéance à toute allure en moins d'un an.

Et puis un jour, son frère était venu le chercher, sans un mot – on ne parlait pas beaucoup chez les Vanacleef – dans l'un des bouges où il s'abrutissait d'alcool. Le conseil de famille avait décidé que la situation ne pouvait plus durer et, avec les appuis du patriarche, ils expédièrent le jeune Vanacleef dans un bateau en partance pour l'Afrique avec des promesses de rétablissement.

Le continent noir lui apprit la valeur de la vie. Sa fragilité aussi. L'Afrique lui apprit les esclaves. Sa magie aussi. Cet espoir irrationnel qui semblait coller à la négritude.

L'art d'être noir. L'art de mourir en riant à gorge déployée.

Entre deux consultations au dispensaire, le futur professeur s'était laissé entraîner dans ces cérémonies vaudou au goût d'interdit.

Pour trouver des réponses, au début. Puis par amour de ces gens qui ne lui posaient jamais de questions en lui confiant la vie de leurs parents ou de leurs enfants.

Il était devenu Grand Prêtre, un honneur immense au regard de la couleur de sa peau.

Alors il avait pu revenir en Europe et reprendre le chemin qui lui était tracé. Il avait renoncé à la vengeance mais pas aux souvenirs.

Et puis un jour, il avait rencontré un Ange…

Chapitre 8

> La Salamandre ? Un petit animal à l'humeur corrosive ayant la fâcheuse habitude d'enflammer l'imagination. Un cousin germain de la Femme en quelque sorte…

Pour un lundi, c'était un sacré lundi. Réveil dans les draps de Barbara, petit détour par Ambre à la Vieille Bourse pour finir avec le professeur. Un joli programme qui aurait mérité une soirée vidéo-malbouffe-dodo tout ce qu'il y a de plus tranquille.

C'est à peu près ce que je pensais en écoutant mon répondeur saturé me débiter ses messages électroniques.

Tout d'abord, Bob qui, dans une tirade « cyranesque », me mandait à sa table pour un festin récréatif au coucher du soleil.

Puis Aziz, pour partager un mezzé dont je lui dirais des nouvelles, afin de me tirer les vers du nez sur mon entrevue avec le professeur.

Enfin Barbara, qui me proposait un souper où il serait inutile que j'amène un autre dessert que moi.

Bref, un véritable soir de gala auquel il était impossible de renoncer.

J'échafaudais déjà une tactique complexe pour honorer chacune des invitations tout en me dirigeant vers la douche.

J'allais commettre l'irréparable erreur de tourner les robinets, geste fatal qui m'aurait empêché d'entendre la sonnerie du téléphone, quand j'avisai soudain qu'il me manquait une serviette. Un mètre carré de tissu éponge, voilà à quoi pouvait se résumer mon destin en cette soirée.

Et l'inespéré se produisit.

Lorsque je décrochai, deux images me vinrent en tête : un Bic orange et des taches de peinture. Ambre, c'était elle, me demandait si j'étais libre pour aller boire un verre quelque part. Je bafouillai un je-ne-sais-quoi-qui-signifiait-oui et nous décidâmes de nous retrouver un peu plus tard à La Pirogue, un minuscule bar à rhum du vieux Lille que je ne connaissais pas.

Pardon Bob, pardon Aziz, pardon Barbara, mille fois pardon.

Il me restait environ une heure avant le rendez-vous. Sachant qu'il me fallait dix minutes pour m'y rendre à pied, un quart d'heure pour me faire une beauté et trente secondes pour me caler l'estomac avec un sandwich express de ma composition, je n'avais plus que 34 minutes 30 secondes pour trouver ce que j'allais mettre. « Jouable », me disais-je en étalant la totalité de ma garde-robe sur le lit.

« L'imagination tue la raison. » Ce fut la seule chose qui me vint à l'esprit en me retrouvant devant la devanture encombrée de La Pirogue. Après le coup de fil magique, j'avais pensé qu'Ambre m'invitait à un tête-à-tête romantique au fond d'une alcôve feutrée. Et voilà que je me retrouvais au beau milieu d'une foule exotique qui vibrait aux accents d'un zouk enfiévré par les vapeurs presque palpables des ti-punchs corsés. À l'avenir, je me promettais de ne plus surestimer mon « charme ténébreux » (*dixit* Barbara).

Néanmoins, après quelques minutes à peine d'immersion dans cette ambiance survoltée, j'oubliai toutes mes réticences et me laissai emporter. Je me frayai laborieusement un chemin dans la marée humaine accoudée au comptoir et atteignis l'arrière-salle.

Là, je n'eus aucun mal à la localiser : une flamme quasi-incandescente qui rougeoyait au cœur d'un groupe hétéroclite passablement éméché. Je me sentis alors à l'étroit dans mon propre corps. L'étrange sensation d'être nu avec un épiderme à la fois trop petit et démodé. J'allais faire demi-tour, inventant déjà une excuse plausible lorsque j'entendis sa voix m'appeler :

– Ange, enfin ! Nous n'attendions plus que toi pour aller manger. Viens, je vais te présenter.

En guise d'intronisation, le serveur me mit un rhum gingembre dans chaque main. Puis tandis que je sirotais l'explosif breuvage, Ambre déclama un petit couplet ironique sur chaque membre de son « clan » : P'tit Pierre, le poète gigolo qui rêvait d'édition dans les draps des comités de lecture ; Jason, le sculpteur de l'éphémère qui ne bâtissait des œuvres que pour les voir brûler ; Zabo, l'alchimiste du son qui confondait harmonique et politique ; et enfin moi, Ange, le psychiatre nécrophile (Bob était incapable de tenir sa langue), qui ne semblait pas capable de prononcer plus de dix mots dans une journée.

Instantanément, je devins l'attraction de la soirée, incarnant à leurs yeux une sorte de saint Pierre capable d'entrouvrir les domaines mystérieux de la folie et de la mort.

Évidemment, je me prêtais à l'assaut de leurs questions avides où se mêlaient interrogations existentielles et fantasmes voyeuristes. Évidemment tout cela donnait sacrément soif. Évidemment je fus rapidement ivre.

Je ne me contentais plus de répondre, je dissertais : on me demandait des détails, j'en inventais. Heureusement, à la lisière du ridicule et du coma éthylique, la ténébreuse

Zabo eut une initiative salvatrice en déclarant qu'elle devait manger tout de suite sous peine de mordre l'un d'entre nous pour contenter sa faim. Pour la première fois de mon existence, je me surprenais à bénir un estomac !

Le repas qui suivit ne me laissa que des bribes de souvenirs confus où j'apparaissais parfois à mon grand étonnement : Ambre et Jason complotant mystérieusement, P'tit Pierre à l'affût d'une proie pour la nuit ou encore Zabo buvant mes descriptions macabres en battant machinalement la mesure des percussions sud-américaines du bar à tapas où nous avions trouvé pitance. C'était la première fois depuis longtemps que je sortais de mon isolement où ma condition de célibataire tardif me plongeait inexorablement depuis quelques années. De temps à autre, je parvenais à croiser le regard limpide qu'Ambre jetait sur moi. Elle semblait satisfaite de mon intégration et je fus persuadé à cet instant d'avoir passé avec succès une épreuve initiatique.

Je ne repris pleinement conscience que lorsque nous pénétrâmes dans un minuscule club privé dont les voûtes centenaires vibraient aux accords branchés d'un DJ en mal d'inspiration. Je profitais de ma lucidité retrouvée pour apprécier le cuir profond des alcôves qui ceinturaient la piste de danse.

Les filles se précipitèrent au milieu des silhouettes chaloupant dans l'atmosphère saturée de musique et de fumée. P'tit Pierre sortit une pipe baudelairienne tandis que Jason émiettait une boulette de résine cannabique dans le creux de sa main.

Mon incursion dans la réalité menaçait d'être sacrément courte.

Le reste de la nuit se confondit en sensations alanguies, les sens abusés par les illusions voluptueuses que distillait mon cerveau intoxiqué. Et puis, soudain, je sombrai dans une torpeur inconsciente.

Game over.

Chapitre 9

« Le tour le plus rusé que le Diable ait jamais inventé c'est de faire croire au monde qu'il n'existait pas… »

Usual Suspects

La lune ronde m'aveuglait, vrillant ses rais de lumière au plus profond de mes nerfs optiques.

Je levai les mains pour protéger mon regard et appréhender l'étrange clairière où je gisais, nu. Soudain, je pris conscience du tumulte inquiétant qui agitait les sous-bois autour de moi : quelque chose approchait…

La lumière se modifia, se teintant de cuivre. Je levai alors la tête et fixai l'astre de nuit dont les traits se mirent à se modifier. De toute part à présent j'entendais le craquement de branches que l'on écrasait, le crissement des feuilles mortes que l'on foulait.

Là-haut, le visage lunaire achevait sa transformation et j'y vis Ambre sourire. Le fracas ne cessait de grossir. L'astre-Ambre se mit alors à rire, un rire d'une sonorité macabre et hystérique.

Et je les vis.

Des centaines de créatures chimériques s'avançaient dans la clairière, refermant inexorablement le cercle. Je détaillais leurs corps : les aréoles brunes de leurs poitrines blêmes, les courbes runiques de leurs hanches, l'immensité de leurs jambes brutalement brisée par des sabots luisants.

Soudain, j'appréhendai les aberrations céphaliques qui surmontaient leurs épaules : les regards humides des têtes de biches, les babines retroussées des laies immenses et les crocs souillées des louves.

La plus imposante des créatures s'avança vers moi, implacable, fascinante de féminité. Je crus lire un regard ironique sur sa gueule féline : la femme-renarde sonnait mon hallali. J'implorais une ultime seconde l'astre-Ambre niché dans les ténèbres de la nuit.

En vain.

Les créatures se jetèrent sur moi en un concert de hurlements bestiaux. Je sentis les griffes qui déchiraient chaque parcelle de ma peau, les dents qui écartelaient mes chairs, et une main immense qui fouillait ma cage thoracique pour m'arracher le cœur.

Je me mis alors à hurler mon âme.

En sursaut, je me réveillai de ce songe affreux. À une dizaine de mètres en face de moi, sur le mur, la gueule d'un renard me fixait de son regard de verre !

À l'évidence, je n'étais plus chez moi. À l'évidence la décoration m'avait fortement impressionné.

Je me calmai lentement, essayant d'extirper les bribes du paresseux cauchemar qui traînait encore au fond de mon cerveau, au profit d'une analyse plus rigoureuse de la réalité qui m'entourait.

Tout d'abord, je ne fus pas tout à fait sûr d'être éveillé : j'étais aussi nu que dans mon rêve, j'avais aussi mal à la tête (mais pour cela, je pouvais fournir une explication), et surtout le décor que je découvrais m'incitait à la plus grande prudence.

Je me trouvais enfoncé dans un vaste lit à baldaquin, au beau milieu d'une chambre mimant à s'y méprendre un appartement seigneurial du XVIe siècle !

Je me redressai pour admirer la solide armoire garnie d'imposantes ferrures, les coffres rivetés de clous grossiers et les lourdes tapisseries garnissant les murs de briques. De tous côtés, une faune hétéroclite et naturalisée achevait d'appesantir l'atmosphère : dans une niche un faucon massacrait à coup de bec une vipère blessée, un molosse sombre se prélassait au pied du lit, tandis qu'un aigle criant de vérité menaçait de prendre son envol.

Et c'est avec soulagement que je constatai, alors que mes pieds faisaient craquer le plancher, qu'aucune de ces créatures ne semblait réagir. Je me précipitai à la fenêtre, m'attendant presque à voir surgir chevaliers et bateleurs sur les pavés de la rue en contrebas. Et je criai presque de joie en suivant le manège pervers d'une pervenche en train de rédiger un P.V. parfaitement rationnel !

Tout à fait rassuré, il me fallait maintenant reconstituer le tortueux trajet qui m'avait conduit dans cette mystérieuse demeure. J'avais beau monopoliser l'ensemble de mes neurones pour cette tâche j'étais incapable de me rappeler ce qui avait bien pu se passer après le club. Seules quelques images kaléidoscopiques essayèrent de m'épauler dans cette lourde tâche.

Zabo, enlacée avec une créature androgyne aux ongles chargés de minuscules diamants. P'tit Pierre, au bras d'une créature vaguement féminine aux doigts chargés de diamants. Et Jason qui me tendait un drôle de petit buvard au goût amer.

Une foule d'informations inutiles.

Ah si ! Je me souvenais aussi d'avoir vomi à l'angle de la rue Royale. Bel exploit !

Bref, autant de sujets aussi préoccupants les uns que les autres.

De plus, j'avais un autre sérieux sujet d'inquiétude : impossible de remettre la main sur mes vêtements.

J'imaginais un instant la panique provoquée par mon apparition, hirsute et dénudé au beau milieu d'un petit déjeuner bourgeois. Car mon horloge biologique n'avait pas cessé de fonctionner et m'informait que nous devions avoisiner les onze heures du matin.

Onze heures !!! J'étais en retard d'environ une heure à mon rendez-vous au Musée d'histoire naturelle. Il allait falloir que je me décide à changer le sujet de ma thèse.

J'avisai deux issues et choisis celle, plus petite, qui s'ouvrait entre l'aigle et le faucon. Bingo ! Je remerciai le propriétaire d'avoir fait la concession anachronique d'une salle de bains et me rafraîchis rapidement.

Ensuite, poussé par la nécessité, je me lançai à l'assaut de l'armoire. J'y dénichai, ô généreuse Providence, un sweat, un jean et ma paire de mocassins.

Tout ne semblait donc pas désespéré.

À présent, je me retrouvai devant ce qui devait être la sortie. J'hésitai un instant puis actionnai l'antique loquet en écoutant le lourd battant grincer. Je fus soulagé de déboucher sur un couloir vide, m'attendant à croiser quelque spectre égaré. Une longue enfilade voûtée, bordée de portes massives, me faisait face. De part et d'autre, à intervalles réguliers, un mannequin en armure scrutait les oiseaux de proie figés dans un affût immobile au plafond. Je progressais rapidement, évitant de fixer trop longtemps la haie de chevaliers inertes, de peur d'en voir un me suivre du regard.

Je parvins ainsi à l'autre extrémité, stoppé par une lourde tenture de velours pourpre dissimulant une nouvelle porte. J'interrompis un instant le cours de ma respiration, les sens à fleur de peau. Je collai mon oreille contre le bois, sentant la tiédeur de la brise qui filtrait par les interstices des panneaux mal ajustés.

Je perçus alors un bruit étrange, régulier : un rythme à deux temps fait de craquements entrecoupés de brefs silences. Tout mon être s'enivrait de ce murmure étouffé par l'épaisseur de la porte et mon cœur se mit à battre à l'unisson. Boom. Lentement. Boom. Plus lentement encore, s'arrêtant tout à fait lorsque le bruit cessa.

– Vous êtes en retard, jeune homme…

L'éclat soudain de la voix me fit l'effet d'un électrochoc. Casanova ? Il me fallut une bonne dizaine de secondes pour reprendre vie. Casanova !? J'ouvris le battant avec précipitation. Casanova ! Il me regarda – pardon pour cet abus de langage mais il semblait bel et bien me *regarder* – d'un air amusé, relançant du talon le balancement de son rocking-chair. Et le parquet se remit à craquer en mesure.

Sans aucune retenue, je dévorais les languettes purpurines du bacon qui s'épanouissaient dans le jaune soutenu de mes œufs.

Je savourais le goût rustique du pain, la douceur écœurante du beurre frais, déchiquetant avec un plaisir animal chaque parcelle de nourriture.

Je sentais le regard laiteux et inutile du vieil homme qui semblait se délecter de mon appétit. Oscillant inlassablement, il me faisait l'effet d'un seigneur capétien sur un trône mobile. Ses longs cheveux blancs encadraient un visage irradiant d'une noblesse déchue. Chaque trait souligné d'une ride profonde semblait y graver les runes d'un sortilège puissant. Oui, Casanova régnait, drapé dans la cape précieuse de son gigantesque peignoir ouvragé.

Tandis que Marie, la bonne discrète, me servait en silence un petit déjeuner princier, il m'avait raconté ce passé récent qui refusait décidément de m'appartenir : j'avais sombré, la veille au beau milieu du club, dans une inconscience chimique dont personne n'avait su m'extirper. Ignorant mon lieu de résidence, le petit groupe avait rapidement décidé de me prendre en charge pour la nuit.

P'tit Pierre ayant déniché une mécène nymphomane, Jason déclarant être en phase créative et Zabo refusant tout net d'accueillir un mâle à proximité de son lit, il revint tout naturellement à Ambre la mission de m'héberger. Cette dernière ne voulant se compromettre, ils avaient résolu de me déposer chez Casanova.

Embarrassé par le récit peu glorieux de mes derniers exploits, je me contentais de ce bref résumé, me contraignant à en occulter les détails. Car il avait bien fallu que quelqu'un se charge de me déshabiller entièrement, n'est-ce pas ?

J'intervins alors pour m'excuser, songeant avec soulagement que mon rendez-vous au Musée d'histoire naturelle constituerait un prétexte idéal pour me tirer de cette situation délicate.

Hélas, le destin choisit pile ce moment pour me rendre la monnaie de ma pièce. Car l'expert que je devais rencontrer pour mon mémoire était en cet instant même en train de m'adresser un sourire malicieux : Casanova, taxidermiste émérite, était un maître des arts nécrologiques !

À une dizaine de mètres au-dessus de nos têtes, une verrière voûtée et scientifiquement dépolie diffusait une lumière ambrée ricochant sur le chêne du mobilier massif.

Sur trois étages de mezzanines circulaires, s'étalaient des milliers d'ouvrages. Nous étions à présent au cœur d'une imposante bibliothèque et je saisissais soudain, en levant les yeux, toute la plénitude de l'expression « puits de science ».

Casanova était confortablement installé dans un fauteuil de peau, tirant de longues bouffées bleuâtres d'une pipe curieusement ouvragée. L'odeur suave du tabac fruité semblait nous immerger dans l'atmosphère distinguée de quelque cercle londonien du siècle dernier. Je me sentais l'âme d'un Watson intimidé par les leçons du Maître.

Je notais fébrilement chaque information capitale qui jaillissait de l'intarissable monologue où se complaisait mon vénérable précepteur. Sans cesse, il entrecoupait son récit d'une multitude de références bibliographiques en désignant d'un geste large les rayonnages.

Il débuta par un bref historique de la taxidermie, méthode de séparation, classement (*taxi*) des peaux animales (*derma*)[1], pour s'appesantir sur son évolution au fil des âges. Au gré de sa démonstration, je sentais la passion s'emparer du vieil aveugle.

Peu à peu, il abandonna l'orthodoxie de son récit et proposa des thèses inédites. Il se leva brusquement, laissant s'éteindre le foyer de sa pipe et se mit à arpenter le cercle de la pièce.

S'arrêtant un instant devant le cuir usé d'une couverture, le vélin parcheminé d'une revue, il s'était lancé dans un débat intérieur dont je ne saisissais que quelques bribes.

---

1. Tout a débuté, selon les auteurs classiques, à la fin du XVIIIe siècle dans une obscure arrière-boutique encombrée de cornues, distillateurs et autres instruments destinés à l'extraction des essences végétales, minérales ou animales. Là, Jean-Baptiste Bécoeur, apothicaire et ornithologue passionné, découvrit la formule du savon arsenical, substance mère de l'art d'arranger les peaux. Ensuite, avec la passion du naturalisme et la frénésie scientifique qui s'en est emparée, la taxidermie a acquis ses lettres de noblesse, envahissant cabinets de curiosités, demeures bourgeoises et musées. Parallèlement à l'accroissement du nombre de ses adeptes, la discipline revendiquait une dimension créatrice qu'elle semblait parfois brandir en étendard contre ses aspects plus morbides. Enfin, l'industrie s'était emparée de nombre de ses formules pour rentabiliser ce négoce.

– Et l'Égypte ? Que font-ils, ces respectables historiens, de l'Égypte ? Une civilisation entièrement bâtie autour du culte des Morts… Il avait bien fallu s'intéresser aux problèmes de conservation des dépouilles… Certes, l'objectif final pouvait sembler différent… Mais enfin, ne cherchaient-ils pas eux aussi à mimer la vie avec leurs cadavres, dépouillés, embaumés puis fardés à l'image de ce qu'ils avaient été ?…

Le soliloque prenait peu à peu une ampleur démesurée et je regardais avec stupéfaction les traits de Casanova se métamorphoser.

Mister Hyde semblait vouloir engloutir le bon docteur Jekyll.

– … Mais comment peuvent-ils ignorer les alchimistes ?… Fétichisme et culte des superstitions sans méthode ni résultat, disent-ils. Ridicule… Je prétends, moi, que nombre de créatures légendaires n'étaient en fait que des chimères patiemment naturalisées et montées par le génie faussaire de ces sorciers du Moyen-Âge ! Quoi de plus simple, en effet, que de modeler une corne sur le corps empaillé d'un cheval ? Ou de terroriser un village avec une dépouille humaine judicieusement disposée, conservée et dont la tête serait remplacée par celle d'un loup ?….

Je me gardais bien de l'interrompre, fasciné et effrayé par la passion qui brûlait au fond de ses pupilles vides. Je me recroquevillais au fond de mon fauteuil, songeant que cette lueur ressemblait à celle de la folie.

Sur le fil du rasoir, voilà exactement l'expression qui convenait au vieil homme en face de moi. Et je commençais à me demander comment tout cela allait finir.

– Non ! La taxidermie n'est pas l'apanage des Temps Modernes, mais un art qui a lentement mûri au fil des siècles. Les preuves sont là – il embrassa d'un geste la bibliothèque – dans ces rayonnages… Et d'ailleurs, d'où pensent-ils que je tire mes connaissan…

Casanova se figea soudain.

Il avait tout à coup pris conscience de ma présence craintive et se ravisa. Il s'assit brutalement comme vidé de toute énergie. Je lus alors sur son visage le maelström douloureux des sentiments qui l'envahissaient.

L'émail de ses yeux vides se posa sur moi, et je compris qu'il me fallait partir.

Chapitre 10

« Le beau est toujours bizarre… »

C. Baudelaire

L'haleine âcre des carnassiers repus se mêlait à la sueur de la foule électrisée par l'adrénaline d'un massacre attendu, espéré presque.

Mais les fauves refusaient de livrer ce spectacle, concentrés sur la chorégraphie complexe que rythmait le fouet. Seigneurs déchus de quelque contrée lointaine, panthères, lions et tigres ne partageaient à présent qu'un lopin de sciure cerclé de barreaux.

J'étais fasciné par leurs prouesses agiles, regrettant leur docilité servile. Ils auraient pu, d'un bond, d'un sursaut d'orgueil, déchiqueter le dompteur fébrile et son costume de pacotille. Mais, en cet étrange royaume de filins et de toile, les redoutables prédateurs s'agitaient comme autant de pathétiques pantins…

Il me fallut attendre les clowns et leurs farces satiriques pour reprendre la maîtrise de mes pensées.

En effet, j'avais quitté la mystérieuse demeure de Casanova dans une sorte d'état second, conscient de mes actes mais incapable de les dominer. J'avais traversé, probablement, une partie de la ville à pied et m'étais retrouvé non loin de la citadelle, joyau que Vauban offrit jadis à Lille reconquise.

Aux pieds de ses puissants remparts, comme pour l'assiéger, un gigantesque cirque avait planté chapiteaux et bannières. Une véritable armée de saltimbanques avait érigé une ville de planches rouges et d'étoffes colorées.

Et partout, ces effluves animales qui engluaient l'atmosphère et avaient attiré mon corps somnambule, livré à quelque instinct primaire libéré par mon bref séjour chez le taxidermiste. Je m'étais faufilé dans l'effervescence humaine et m'étais dirigé vers la ménagerie. Là, j'étais resté de longues minutes à contempler le repas des fauves. Je les regardais lacérer la viande crue tandis que mon organisme tout entier vibrait de pulsions cannibales. Je les enviais presque et sentais le goût du sang sur mes lèvres, la chair pétrie sous mes ongles.

L'étrange magie qui régnait entre les murs séculaires que je venais de quitter semblait vouloir me transformer en un redoutable prédateur. Et lorsque je suivis mes semblables sous le chapiteau pour assister au spectacle, une envie primitive de meurtre coulait dans mes veines…

Mais à présent que je retrouvais tout à fait mes esprits devant le visage blafard de Monsieur Loyal, j'étais terrorisé. Je savais maintenant que tout au fond de mes circonvolutions cérébrales, se tapissait un monstre capable des pires horreurs.

Avait-il été réveillé par une muette invocation de l'aveugle, ou conjuré par les puissances invisibles qui régnaient entre les murs ? Tout mon être refusait de répondre à ces questions démentes, hurlant que j'étais fou ! Le comble pour un futur ex-psychiatre !

Je rentrai chez moi, recouvrant peu à peu ma sérénité en écoutant ma raison échafauder des explications rationnelles : la fatigue, les effets psychotropes des substances consommées la veille, l'autopsie récente… Mais, pour la première fois de mon existence, j'avais été confronté aux ténèbres d'une faille que je ne me connaissais pas.

Aziz saurait peut-être, Aziz seul comprendrait.

En pénétrant sous les poutres de mon appartement, j'étais presque entièrement revenu dans la réalité, et mon répondeur acheva l'opération : Bob m'y insultait copieusement avec une compilation de tirades appartenant au truculent Scapin, Barbara me faisait le récit détaillé de sa nuit passée en des bras étrangers et Aziz me lançait un appel désespéré à me rendre au plus vite à l'Institut : la victime venait d'être identifiée et on attendait la famille pour confirmation.

Pas un reproche de sa part, pas une remarque, seulement trois messages de plus en plus pressants, ne comprenant pas mon obstination à ignorer mon bip. Je cherchai ce dernier d'un geste machinal et me rendis compte qu'il était resté à côté de mon lit, chez Casanova.

Ma mission ne semblait donc pas terminée, le destin m'indiquant qu'il me faudrait de nouveau affronter le vieil aveugle et ses « natures mortes ».

Devant la porte battante de la salle des nécrops, une femme endeuillée de velours noir, la mère probablement, ne cessait d'arpenter le couloir dans sa largeur.

Je ralentis le pas, et observai son étrange manège.

Elle s'asseyait sur l'un des bancs lacérés de graffiti, se figeait un instant puis se relevait pour se rasseoir de l'autre côté. À chaque nouveau cycle, elle s'arrêtait quelques secondes pour griffer la peinture écaillée de la porte avec ses ongles vernis.

Il semblait bien que le cadavre n° 1-01-06-04 avait trouvé preneur.

En m'approchant, je songeais à la terrible épreuve à laquelle venait d'être confrontée cette femme : l'angoisse devant l'absence prolongée de sa fille, le meurtre étalé dans les journaux, le coup de fil de la police, puis… l'Horreur.

Cette femme avait dû être obligée de contempler le corps désarticulé de sa fille car, devant l'ampleur des mutilations, je doutais qu'Aziz ait pu faire des miracles. Et pourtant, je connaissais le talent unique avec lequel La Gargouille rendait l'apparence de la vie aux cadavres avant de les présenter aux familles.

Avec un respect ancestral, coutumier, il nettoyait soigneusement toute trace de sang ou de fluide sur l'épiderme. Puis il enduisait le corps d'un mystérieux onguent (Aziz avait toujours refusé de livrer sa formule) subtilement parfumé d'ambre et de cèdre, qui semblait littéralement ressusciter la peau. Ensuite, il restait un long moment à regarder la dépouille comme pour s'en imprégner. « Je photographie son âme, disait-il, pour qu'elle s'accorde avec les vêtements que je vais choisir. »

Et il allait s'enfermer dans le minuscule local où il avait entassé une vertigineuse réserve d'effets en tout genre. Il revenait quelques instants plus tard et habillait, lentement, précautionneusement, la victime.

Soudain, on comprenait la magie d'Aziz : d'un amas de chairs mortes, il avait pétri un être endormi, dont on pouvait lire la personnalité, les défauts, les faiblesses comme s'il s'agissait d'un parent ou d'un ami.

Enfin, Aziz enduisait les parties découvertes de la base huileuse destinée à fixer le maquillage : il camouflait les cicatrices, les hématomes, rallumant le regard, ornementant les mains, insufflant la vie. Aziz, j'en étais persuadé dans ces moments-là, devait être égyptien. Car, dans ses veines, coulait sans doute le sang d'un Grand Prêtre préparant Pharaon à affronter le regard d'Horus.

J'étais parvenu à présent devant la double porte, m'interposant par nécessité sur la trajectoire de la femme en noir. Elle me fixa un instant, tout en continuant à graver le bois de ses ongles. Aucune larme ne creusait son visage, aucune larme n'y avait sa place. Car chaque trait, chaque interstice n'était qu'un hurlement muet d'une intensité atroce.

Je ne pus supporter cette vision et m'apprêtais à pousser le battant lorsque mes yeux s'arrêtèrent sur le mouvement de ses mains : elle traçait, du bout de ses doigts, de petits signes réguliers, comme une écriture minuscule imprimée sur le mur.

Soudain, je fus pris d'une violente nausée lorsque je réalisai qu'il s'agissait de la reproduction maladroite des scarifications tracées dans la chair de sa fille !

La lumière elle-même semblait s'être figée, sculptant les vivants à l'image de la morte, refusant de ricocher, comme à l'accoutumée, sur l'inox des bacs de dissection. Au centre de la pièce, sur l'autel improvisé d'une table recouverte d'étoffes, une jeune fille semblait attendre le baiser d'un prince charmant pour se réveiller. Devant, trois statues humaines fixaient le visage paisible de l'adolescente : Vanacleef et Aziz, encadrant un homme au regard absent.

Je réalisai alors combien j'avais sous-estimé le talent de La Gargouille ! Aucune trace, aucune cicatrice sous la lueur crue du réflecteur chirurgical. Les mutilations de la face avaient été corrigées par des modelages de cire habilement colorés, les yeux remplacés par des répliques de verre, les béances auriculaires dissimulées par les mouvements d'une coiffure soigneusement ordonnée. La jeune fille portait un ensemble pourpre qui semblait lui avoir toujours appartenu. Les membres avaient été judicieusement disposés afin que l'on ne remarque pas les segments manquants. Oh oui, j'avais sous-estimé Aziz et à présent, j'avais l'impression que c'étaient les morts qui étaient debout !

Un détail pourtant capta mon attention tandis que j'arrivai tout près du corps : à la naissance de la poitrine, dans le discret décolleté, quelques scarifications apparaissaient légèrement en relief malgré le maquillage. Un détail que seul l'œil d'un praticien exercé, ou celui d'une mère, pouvait déceler. Étrangement, mon regard ne cessait d'observer ces arabesques cicatricielles, parcourant les courbes, suivant les angles. Mon cerveau semblait totalement absorbé par cette tâche, incapable de tout autre initiative.

Un sanglot vint soudain faire exploser le silence. L'homme aux yeux hagards s'agita, se prenant la tête dans les mains. Puis sa mâchoire se contracta et son organisme tout entier s'ébranla. Il se mit à hurler. Vanacleef le saisit par les épaules pour le faire sortir. Mais l'homme le repoussa avec violence, jetant ses mains vers le visage de sa fille. Il commença à la caresser et, avant même qu'Aziz ait pu l'empêcher, la prothèse de cire qui remplaçait le nez mutilé, se détacha, tombant à terre sans un bruit. L'homme regarda ses doigts maculés du fond de teint qui fardait le cadavre. Il se figea, hébété, détruit. Il n'opposa aucune résistance cette fois, et c'est un « vivant-mort » que Vanacleef reconduisit à la porte.

Pendant cet incident, je n'avais absolument pas réagi. J'avais assisté à tout cela évidemment, mais j'étais dans l'impossibilité de me détacher des petits signes gravés dans la chair qui m'apparaissaient de plus en plus clairement. J'ignorais pourquoi, mais ces traces me semblaient être d'une importance capitale.

Soudain, je me remis à penser à la mère traçant ces mêmes *symboles* sur le mur : je la revoyais en train de creuser le plâtre avec ses ongles, *comme si elle écrivait* d'une plume improvisée. *Comme si elle écrivait.* Et là, en levant les yeux vers le miroir formé par la surface métallique du réflecteur qui éclairait le cadavre, je vis apparaître des *mots* !

De Infernis profundis, Diabolus te vocat…, des profondeurs de l'Enfer, le Diable t'appelle…

Chapitre 11

« Je vous ai compris »

Charles De Gaulle

Immobile dans sa djellaba blanche – sa préférée, celle avec des boutonnières dorées – l'enfant attendait.

Il restait planté là, droit comme un i, sa petite valise en carton bouilli à la main, sans bouger. Insensible aux cris, à l'agitation qui l'entourait, il époussetait, de temps à autre, les longs pans de sa tunique immaculée.

Sur les quais, devant lui, autour de lui, une foule gémissante se pressait, s'empressait, obéissant aux ordres aboyés par les haut-parleurs de la préfecture des Bouches-du-Rhône.

Des centaines, des milliers certainement, de réfugiés s'agglutinaient dans le port de Marseille, déversés en vagues successives par les bateaux qui accostaient.

Enfin, ceux qui y parvenaient encore. Les autres, chalutiers ou paquebots, attendaient leur tour dans la rade coque contre coque, au risque de se percuter. Une joyeuse pagaille en vérité que personne n'avait prévu.

L'enfant, lui, attendait.

Confié en hâte à un oncle de passage, il avait laissé derrière lui son maigre passé. Une dizaine d'années à peine, sans véritable famille – une mère morte en couches, un père tombé pour la métropole –, il avait grandi au milieu des cercueils et des cadavres.

« Pompes funèbres générales, Alger ». Telle était l'adresse qu'il donnait lorsqu'on lui demandait où il habitait. Et le pire, c'est que c'était la stricte vérité.

Que voulez-vous, on ne choisit pas le métier de ses parents d'adoption.

Il avait mené une existence sans histoire. Sans problème ni saveur. Une sorte d'existence léthargique, entre les cours de français dispensés par sa « tante » et les après-midi à regarder la mer. Dans ce port, de l'autre côté de la Méditerranée.

Et puis, il y avait eu les « événements ». Des choses terribles dont on refusait de lui parler. Mais il savait.

Il avait entendu les massacres, les attentats, la guerre par la voix nasillarde de la RTF. Et il avait compris, bien plus tôt que les autres, qu'il lui faudrait partir.

Alors, quand il était monté à bord du gigantesque paquebot en partance pour la métropole, il n'avait pas été surpris. D'ailleurs, il n'avait rien dit.

Mais il est vrai que l'enfant ne disait jamais grand-chose.

De la traversée, il ne conservait que le son des cornes de brume du départ. Puis celles de l'arrivée. Entre, rien. Ou plutôt si. Quelques visages. Quelques expressions de désespoir qu'il refusait de voir. Alors, il s'était endormi.

Enfin, pas vraiment endormi avec les yeux fermés et les rêves qui vont avec. Non, disons qu'il était absent. Une capacité qu'il avait développée depuis longtemps.

Ça inquiétait toujours les adultes, mais ça lui permettait d'être tranquille.

Quelqu'un avait dû s'occuper de lui pendant le voyage – une nièce ou quelque chose comme ça – mais à présent, il était seul.

Et il attendait.

Immobile dans sa djellaba – sa préférée avec les boutonnières dorées – Aziz attendait. Il savait – il l'avait entendu à la RTF – que quelqu'un allait venir.

Une dame plus précisément, une dame avec un drôle de bonnet sur la tête que l'on voyait sur les timbres.

Droit comme un i, sa valise à la main, Aziz attendait que la République française le prenne dans ses bras. Le Général l'avait promis.

C'est pour ça qu'il avait mis sa plus belle djellaba.

L'enfant attendit longtemps.

Rares furent ceux qui le prirent dans leurs bras. Alors il s'adapta.

L'Assistance Publique lui apprit à devenir un bon petit Français, mais il comprit rapidement que personne d'autre n'avait envie qu'il le devienne.

Et puis un jour, il partit. De nouveau.

Il remercia tous ceux qui devaient l'être, y compris ceux qui ne le méritaient pas. Il prit le train et s'en alla vers le Nord.

Il n'avait plus confiance dans le soleil.

Lorsqu'il avait vu ce drôle de bonhomme débarquer chez lui avec sa valise en carton, son visage lunaire et ses yeux à l'affût, Vanacleef – trente-six ans, veuf et docteur en médecine – ne lui accorda pas grande importance.

Ce n'était pas la première fois que son père « engageait » quelqu'un pour entretenir le manoir familial.

D'ailleurs, le manoir n'avait plus besoin de personne : il y avait déjà une cuisinière, un serveur chauffeur et un jardinier qui dormaient dans l'une des dépendances et fournissaient un service impeccable.

Mais Vanacleef père ne pouvait s'empêcher de ramener régulièrement quelqu'un de l'hôpital. Des sans-familles, des sans-colliers qui ne lui demandaient rien et auxquels il proposait tout.

La plupart du temps, ils s'en allaient, un jour, sans rien dire, ne supportant plus les colères-ouragans dont le patriarche était habitué.

Cette fois-ci, le jeune garçon – vingt ans à peine – ne partirait plus de cette famille. Et lorsque l'argent et les cotisations sociales eurent raison des employés de maison, c'est le jeune Vanacleef, tout fraîchement promu professeur, qui le prit sous son aile.

Il le fit entrer à l'Institut de médecine légale et lui apprit peu à peu le goût de la liberté.

Aziz, l'enfant de la Bonne Mère, devint peu à peu La Gargouille, puis vola de ses propres ailes.

Il quitta le manoir et son atmosphère nostalgique pour s'installer quelque part dans l'un des quartiers populaires de Lille.

Entre les deux hommes ne subsista bientôt qu'une proximité toute professionnelle. Mais lorsque Aziz lui présenta Ange, Vanacleef sut que la boucle était bouclée.

Chapitre 12

> « La Mort a ceci de supérieur à la Vie, c'est qu'elle est éternelle… »

Nous passâmes la nuit à relever chaque lettre de cette macabre épitaphe, cartographiant avec précision les mots, les paragraphes, notant chaque détail avec une minutie obsessionnelle.

La clarté artificielle des néons rongeait peu à peu notre champ de vision et nous devions régulièrement sortir de la pièce pour régénérer notre regard. Les intonations gutturales des chants musulmans se mêlaient aux effluves corsés du thé à la menthe, rappelant sans cesse qu'Aziz veillait sur nous.

Je n'avais jamais vu Vanacleef dans cet état : il avait abandonné veste et nœud papillon, déboutonné son col et remonté les manches de sa chemise. La sueur de l'excitation perlait sur son front dégagé, tandis qu'il noircissait son carnet de notes microscopiques.

Pour ma part, j'avais récupéré de grandes feuilles de papier afin de reproduire grandeur nature le dessin complexe et ses rapports avec les différentes parties du corps. Nous n'échangions que de rares paroles limitées à l'essentiel, l'esprit obsédé par l'énigme qui voyait le jour.

Nous commencions à appréhender l'ensemble du tableau et toutes les questions qu'il suscitait. Qui ? Et surtout pourquoi avoir pris tant de soin à rédiger ce texte impressionnant sur la peau de la malheureuse ?

Il semblait clair que le but poursuivi n'était pas la torture, les marques ayant été, pour la plupart, faites *post-mortem*. Mais à quoi pouvaient correspondre ces arabesques de latin : une exégèse délirante ? un sermon rédempteur ? Et pourquoi l'inscrire de façon à ne pouvoir être déchiffré que grâce au reflet d'un miroir ?

L'aube se leva ainsi sur l'étrange et lugubre trio que nous formions autour de la dépouille paisible : trois goules blafardes se découpant dans les lueurs sanglantes du soleil naissant, affairées à quelque immonde projet.

Et puis soudain, tout s'arrêta.

La réserve musicale d'Aziz était épuisée, Vanacleef avait achevé sa traduction et j'avais fini mes relevés. Nous nous regardâmes, contemplant mutuellement nos visages défaits, chacun pensant au sommeil dont l'autre avait besoin.

Vanacleef décida qu'il fallait prendre un peu de repos : il nous fixait rendez-vous dans son bureau, six heures plus tard – c'est-à-dire en termes professoraux mercredi à treize heures précises – afin de confronter nos hypothèses.

Entre-temps, Aziz récupérerait le rapport de l'identification judiciaire et il ferait un saut à la bibliothèque universitaire pour tenter d'y dénicher une piste.

Quant à moi, je savais déjà où mes pas chancelants me conduiraient : Bob !

Le safran et l'ocre de la façade peinte semblaient prolonger l'aurore qui à présent s'achevait.

Je m'arrêtai un instant, admirant le bas-relief minutieux qui ornementait la porte. Puis je composais le code d'entrée en écoutant le chuintement des mécanismes électriques qui libéraient pênes et serrures. Je pénétrai alors sous la voûte basse du modeste corridor.

J'attendis que la porte se referme derrière moi et cherchai, du bout des doigts, un décrochement discret sur la surface du mur. Je trouvai l'anfractuosité quasi-indétectable et poussait le panneau dissimulé par un superbe trompe-l'œil. Enfin, je m'approchai du petit escalier minéral ainsi révélé.

C'était l'instant que je préférais lorsque j'avais le privilège de pénétrer dans la demeure *magique* de Bob, extraordinaire héritage d'un illustre ancêtre, élève du grand Houdini. Mirages picturaux, passages dérobés, faux-semblants architecturaux, tout un univers d'illusion au cœur même de la ville.

Je savourais la courte ascension dans les ténèbres, comptant prudemment chaque marche ; puis l'arrivée dans l'ultime couloir, quelques mètres pour basculer définitivement dans une autre dimension.

Au fil de la progression, l'air se modifiait, se chargeant de lourds parfums et d'humidité tropicale. Venait alors le doux vrombissement des pompes à chaleur précédant l'émerveillement : orchidées, hibiscus, citronniers et dattiers nains s'enchevêtraient en une jungle inextricable enchâssée dans les ferrures ouvragées d'une serre 1900 !

Je traversai ce monde lilliputien échappé d'une planète voisine et parvins devant le sas qui isolait la végétation exotique du royaume intime de Bob. Cette fois, je sonnais pour le prévenir de mon intrusion : un geste de pure convenance, les divers systèmes de surveillance dont était truffée la maison ayant dû l'éveiller dès mon arrivée.

En guise de sésame, je dépliai la reproduction taille réelle des scarifications et la présentai à l'œil cyclopéen de la caméra qui se tournait vers moi.

Bob savait que je ne le dérangeais jamais sans raison mais là, il en avait pour son argent ! Tout en dévorant le gargantuesque en-cas qu'il venait de me préparer, je lui racontais les derniers événements dans les moindres détails. Curieusement, il restait silencieux, partagé entre le déchiffrage de l'énigme latine et le cours de mon récit morbide. Il attendit patiemment que je finisse.

Soudain, il se leva et disparut derrière une lourde tenture qui aurait *dû*, en toute logique, ne dissimuler qu'un banal mur. Je décidai d'ignorer ce nouveau mystère et m'enfonçai un peu plus dans l'étoffe soyeuse du canapé où j'étais assis.

Je laissais mon regard dériver sur le décor somptueux qui m'accueillait : coffres à double-fond, cercueils factices, cages truquées débordant d'accessoires et de costumes au service de l'illusion. Au-dessus de ma tête, je percevais les va-et-vient étouffés de Bob fouillant les entrailles de sa bibliothèque. Bercé par les mille et un petits craquements de la maison, enivré par les fragrances poivrées des plantes, je sombrai peu à peu dans un sommeil sans rêve…

Lorsque je rouvris les yeux, midi sonnait. En face de moi, un minuscule coucou qui tentait une vaine évasion cyclique me fit sursauter. À l'autre bout de la pièce, un énorme tas d'ouvrages anciens émettait de surprenants soupirs entrecoupés par le froissement de pages que l'on tourne. Je me levai et aperçus Bob en pleine lecture.

Il referma bruyamment le livre qu'il compulsait et lança :

– Par les cornes du Diable, toubib, j'ignore si ta cliente coulait des jours heureux sur cette terre, mais je peux t'affirmer qu'avec le passeport qu'elle porte sur le corps, elle profite à présent du dernier raffinement en matière de souffrances et de tortures : l'Enfer !

La partie cartésienne de mon esprit faillit partir d'un rire irrespectueux, mais le ton qu'avait employé Bob me poussait à écouter ses explications.

« *Et patrem et matrem oderis ; et viros et mulieres et infantes occides ; et fenus et furta et rapinas exercebis. Relinquere pauperen frigore faneque perienten et infantes effodere et eos sabbati die comedere laus est…*[1] »

Un fragment des dix commandements diaboliques, voilà ce qui avait mis Bob sur la piste. Comment s'étonner de ses connaissances ésotériques lorsqu'on songeait qu'il avait grandi dans cette demeure hantée par les secrets de générations d'illusionnistes, de magiciens, de sorciers en quelque sorte ?

Lorsque je lui avais présenté l'imposante reproduction et parlé des quelques mots identifiés sur la poitrine de la jeune victime, les gènes spirites de Bob s'étaient soudain réveillés.

Il avait écouté mon récit dans un état second, son cerveau étant déjà en quête des références bibliographiques nécessaires pour confirmer ses hypothèses. Puis il s'était enfermé dans le labyrinthe déroutant de sa bibliothèque nichée au centre d'une gigantesque pièce tapissée de miroirs mobiles : un antique palais des glaces dont le fil d'Ariane était constitué de ses ouvrages favoris.

Au cœur de son domaine, Bob avait repris mes croquis, cherchant une logique, un point de départ. C'est alors que lui était revenue la phrase que j'avais découverte : « Des profondeurs de l'Enfer, Satan t'appelle… » Il avait

1. « Ton père et ta mère haïras ; hommes, femmes et petits enfants occiras ; usures, larcins et rapines exerceras. Il y a du mérite à laisser mourir le pauvre de froid et de faim, à déterrer les enfants et à les manger au sabbat… »

suivi le tracé sinueux des lettres, découvrant que s'enchaînaient, à la suite, d'autres mots, puis des paragraphes, disposés selon un dessin précis. Il avait alors recopié l'intégralité du texte d'une part, et l'image qu'il formait d'autre part.

Ainsi, de cette anarchique débauche graphique, il avait vu naître un rigoureux pentacle dont le cœur enfermait une tête de bouc. Autour, des centaines de syllabes impies formaient une décoration dissimulatrice.

Ensuite, il avait exhumé de ses rayonnages d'occultes ouvrages dont la plupart n'étaient même pas référencés dans les bibliothèques nationales. Manuscrits médiévaux d'oraisons profanes, parchemins noircis de formules nécromanciennes, carnets de voyages d'exorcistes royaux, Bob avait compulsé plus d'une centaine de références : du révérend père Guaccius aux *Chroniques* de Du Clercq, en passant par *La démonomanie des sorciers*, il s'était littéralement imprégné de sorcellerie.

Ainsi, il m'expliqua que le tracé du pentacle était formé de l'intégralité des commandements sataniques, miroirs maléfiques de leurs jumeaux chrétiens, encadrés d'hommages à la gloire du Diable ; la tête de bouc, représentation directe du démon, se composant de puissantes formules invocatoires.

Quant aux textes annexes qui noyaient le motif principal, ils comportaient essentiellement des noms d'ingrédients employés lors des rituels impies.

– Mais pourquoi le latin et surtout pour quelle raison inscrire tout cela à l'envers ? demandai-je.

– Voyons, toubib ! Comment peux-tu oublier que le latin est la langue de ce culte qui a engendré sans distinction hommes d'Église et sorciers, le Bien et le Mal, l'image et son reflet à travers le miroir humain ?... Notre assassin doit être sacrément futé.

Sacrément timbré, plutôt.

Et même si ça me coûtait de l'avouer, je commençais de penser comme le professeur. Nous avions affaire à un grand malade.

Ce genre de malade bien trop intelligent, bien trop structuré pour se retrouver derrière les murs d'un hôpital psychiatrique. Bien trop pervers aussi pour ne pas essayer de manipuler l'un de mes confrères, à l'abri du divan.

En tout cas, je ne risquais rien à passer quelques coups de téléphone.

Une batterie épuisée plus tard, j'avais fait le tour de ma promotion et des quelques collègues avec lesquels j'avais eu l'occasion de travailler.

Rien.

Je sursautai lorsque le coucou épileptique de Bob vint me rappeler le rendez-vous fixé par Vanacleef. Rien de grave, après tout. Juste une heure et demie de retard.

Chapitre 13

> *« Nos existences sont en réalité, par l'hérédité, aussi pleines de chiffres cabalistiques, de sorts jetés, que s'il y avait vraiment des sorcières. »*
>
> M. Proust

Pas un commentaire. Pas une remarque. Pas l'ombre d'un tressaillement de sourcil.

Rien.

Juste un long silence désapprobateur dans lequel je sentais poindre une lueur de déception. *Vachement fortiche* le Vanacleef. Jamais je ne m'étais senti aussi coupable.

Sauf avec mon père.

Si ça continuait comme ça, j'étais bon pour une nouvelle analyse. Et ce n'était pas avec mon salaire d'étudiant attardé que je pouvais m'offrir cette fantaisie.

Et puis Aziz – loué soit-il – était venu à ma rescousse. Avec douceur, subtilité, et un peu de thé. Comme d'habitude.

Nous pûmes ainsi recommencer à zéro, nous installer sous le regard des amulettes vaudous pour savourer le précieux breuvage, tandis que nos yeux s'étaient mis à briller comme ceux d'espiègles conspirateurs.

L'Union sacrée au service de la Vérité était en marche, prête à rassembler tous les éléments du puzzle humain, matricule 1-01-06-04.

Chacun, en effet, apportait son lot d'informations : Aziz, les conclusions complètes de l'identification ; Vanacleef, le rapport *in extenso* de l'autopsie ; et moi, un volumineux ouvrage relié de cuir, l'obscur et terrifiant *De necromantia et cum diabolo commercio* de Pierre de Flandres, grand sorcier devant Satan.

Nous savourâmes lentement l'infusion liquoreuse, repoussant l'instant de la révélation.

Puis Lagavulin pria Aziz de s'asseoir : nous pouvions commencer. Je poussai un soupir d'impatience et repris le rôle qui m'était échu depuis notre dernière rencontre.

Celui du scribe novice recopiant les Saintes Écritures.

« *Cadavre n° 1-01-06-04*

Conclusions

Identification réalisée par les services de la police judiciaire suite à un avis de disparition émis par ses parents. Victime non fichée au fichier central.

Nom : Dellange
Prénoms : Sophie, Caroline, Béatrice
Date de naissance : 24 Janvier 1977
Situation maritale : Célibataire
Père : Dellange Jacques, avocat
Mère : Dellange née Bell Marie-Hélène, infirmière

Résumé biographique (synthèse des interrogatoires de la famille et de quelques amies proches) :

Sophie est décrite, par ses parents, comme une enfant brillante, sérieuse, n'ayant posé aucun problème particulier jusqu'à ce jour.

Elle suivait des études de lettres classiques à l'Université catholique de Lille et logeait dans un studio du centre-ville. On ne lui connaissait aucune relation sentimentale régulière. Son cercle d'amies était limité à quelques camarades d'amphithéâtre sans particularités judiciaires.

Commentaires :

La perquisition au domicile de la victime a, néanmoins, mis en évidence deux faits discordants avec la « façade » sociale présentée :

– découverte de comprimés d'ecstasy ainsi que d'une faible quantité de cannabis ;

– fréquentation sporadique (attestée par des facturettes et des flyers *trouvés sur le bureau de la victime) de night-clubs transfrontaliers et d'un bar à orientation homosexuelle notoire.*

Ces éléments, en élargissant d'autant le champ des investigations, semblent difficiles à exploiter de manière exhaustive. Une copie des différentes pièces a toutefois été communiquée aux brigades des stupéfiants et des mœurs à toutes fins utiles.

La cause du décès apparaît complexe : en effet, les extraits végétaux retrouvés dans les analyses toxicologiques correspondent à la « Conium maculatum », vulgairement dénommée ciguë.

Cette découverte nous a, dans un premier temps, orientés vers un empoisonnement simple avec mutilations post-mortem.

Cependant, la concentration plasmatique retrouvée s'avère trop faible pour être à l'origine de la mort, mais suffisante pour provoquer une paralysie musculaire généralisée. Un état proche de celui induit lors d'une anesthésie générale afin de provoquer un relâchement musculaire indispensable lors des interventions abdominales par exemple.

Ainsi, nous pensons que le meurtrier a fait ingérer à la victime une dose de poison (probablement diluée dans du vin) volontairement non létale mais uniquement incapacitante, avant de procéder aux mutilations principales (énucléation et section des extrémités des membres), le stress consécutif à ces supplices étant probablement la cause princeps du décès. Par ailleurs, les effractions instrumentales génitales ont été réalisées après la mort de la victime tout comme les multiples cicatrices.

L'analyse des scarifications a révélé deux faits marquants :

– il s'agit pour la plupart de lettres alphabétiques latines et de symboles cabalistiques entremêlés, lisibles dans le reflet d'un miroir ;

*– les lettres forment un texte cohérent disposé selon un dessin rigoureux représentant une tête de bouc dans un pentacle (*cf. *reproduction graphique ci-jointe) et énumérant, entre autres, les commandements sataniques.*

La conclusion de ce compte rendu confirme et complète en tout point celle du rapport initial et permet d'émettre des hypothèses sur le profil du coupable : structure perverse avec traits obsessionnels marqués, diminution voire abolition du sens moral, volonté d'affirmer une toute puissance spectaculaire.

Par ailleurs, l'analyse de la nature et de la fonction des blessures, ainsi que la maîtrise apparente de rudiments de toxicologie permettent des déductions complémentaires : il semble s'agir d'un être d'intelligence haute à supérieure, lettré, de grande habilité manuelle, ambidextre et devant exercer une profession ou une passion en rapport avec la dissection au sens large du terme.

Enfin, le caractère rituel de l'acte témoigne soit d'une appartenance à un groupe satanique extrémiste, soit d'une volonté (non exclue) de désorienter les enquêteurs.

Néanmoins, nous pensons que ces éléments doivent être pris en compte pour les investigations ultérieures.

Remarques :

Il est troublant de noter qu'aucun indice direct (empreintes, débris cellulaires, capillaires ou tissulaires) concernant le meurtrier n'ait pu être mis en évidence sur la victime.

Le corps semble avoir été lavé avec une solution alcoolique qui a, par ailleurs, provoqué l'inclusion de débris végétaux dans les couches superficielles de l'épiderme. Cette opération a été exécutée sur le lieu du crime (impossible à déterminer avec les éléments disponibles à ce jour), peu de temps avant le dépôt du corps. »

Les vapeurs sucrées du thé semblaient s'échapper des orbites béantes qui me fixaient par-dessus l'épaule de Vanacleef.

Elles s'ouvraient, vides, dans un crâne coiffé d'un chapeau à large bord qui reposait sur une croix de marbre noir : Baron Samdi, chef des Gédés et des morts, semblait bénir nos propos sordides. Je cessai de fixer le fétiche vaudou, relisant mes notes dans le silence soudain retombé.

Nous étions à la fois épuisés et satisfaits, horrifiés et blasés : le cadavre n° 1-01-06-04 avait parlé !

Aziz servait une nouvelle fois son suave breuvage comme pour chasser quelque esprit malin que nous aurions accidentellement invoqué par nos analyses nécrologiques. Et je l'entendais presque penser : à trop vouloir s'intéresser aux morts, ils finissent toujours par s'intéresser à vous…

Lagavulin, quant à lui, s'était muré dans une attitude professorale soigneusement préétablie, une panoplie d'expressions à mi-chemin entre la moue agacée et la froideur convenue.

Et moi, moi j'avais lâché la bride de mon esprit, redécouvrant le monde par des sens enfin libérés de toute camisole corticale, m'émerveillant de détails picorés au gré des stimuli : le battement régulier d'une veine sur le front de Vanacleef, une mouche engluée dans le fond sirupeux de mon verre, le bâillement des boutonnières d'Aziz... Un univers entier passé à la moulinette d'un kaléidoscope affolé.

Soudain, mes doigts parcoururent le relief élimé d'une couverture de cuir : le *De necromantia* voulait prendre la parole. J'avais délibérément attendu la fin de nos conclusions pour révéler ce que j'avais lu dans cet ouvrage maudit. La science avait eu son heure de gloire, l'ésotérique pouvait s'exprimer.

Tandis que je leur lisais la liste exhaustive de la formule paralysante d'Ibn Washiya[1] qui correspondait en tout point avec les débris retrouvés dans l'estomac de la victime, ainsi que les précautions d'emploi de la ciguë dans cette indication, je voyais les visages d'Aziz et de Vanacleef s'arrondir de surprise.

Je continuais ma lecture, citant Pierre de Flandres se référant lui-même au grand empoisonneur et à d'autres adorateurs du Diable, imperturbable. Puisant dans le livre IV du *De necromantia*, je leur fis une description si proche de nos constatations lors de l'autopsie, qu'ils crurent un instant, je pouvais le lire dans leurs yeux, qu'ils avaient le coupable devant eux.

En effet, chaque détail, chaque élément retrouvé sur le corps de la malheureuse jeune femme, trouvait son exacte description dans ce livre que Bob avait exhumé de sa bibliothèque ; un livre qui datait du XVIe siècle, relatant les mille et une façons de pactiser avec le Malin.

---

1. Alchimiste arabe du IXe siècle, rédacteur du *Livre des poisons*.

Dès lors, ma conclusion s'imposait : Sophie Dellange avait été victime d'un acte de haute sorcellerie ! Le meurtrier n'avait fait, somme toute, que respecter le rituel complexe d'échange d'une âme sacrifiée contre la protection puissante du Seigneur des Enfers !

Sciés. Ils étaient sciés.

Chapitre 14

> « La passion arrache le cœur,
> L'amour, les yeux,
> Vivez donc d'eau fraîche… »
>
> Paroles d'Ange

Les bulles fuyaient le fond de la flûte avec la précipitation d'un groupe de candidats à la noyade. Arrivées à la surface, elles rendaient le dernier souffle de leur existence furtive dans un concert de microscopiques crépitements.

Puis le cycle cruel recommençait, inlassable, éternel…

J'étais d'humeur lugubre et, au milieu de l'agitation du vernissage, je n'avais rien trouvé de mieux que de philosopher sur la vie intérieure de mes quelques décilitres de champagne.

Je songeais aux surprenantes conclusions du « trio sacré » (Vanacleef, Aziz et moi) qui s'était séparé en silence voilà déjà plusieurs heures.

Mes dernières révélations avaient laissé mes deux collaborateurs dans un tel état de stupeur perplexe qu'il avait été impossible de poursuivre. Un rituel de sorcellerie médiévale ! Voilà l'unique conclusion que nous dictaient les faits : de quoi nous ridiculiser jusqu'à la retraite, voire nous conduire tout droit à l'hôpital psychiatrique !

C'est pourquoi Vanacleef avait jugé bon de ne pas inclure ces données dans le rapport officiel, m'empruntant l'ouvrage de Pierre de Flandres pour un « examen minutieux ». Et puis, plus rien. Nous nous étions regardés, sachant que la *messe était dite*.

J'étais rentré, je m'étais couché, priant pour un sommeil sans âme.

J'avais été réveillé par le téléphone : Casanova ! Un maelström de sentiments paradoxaux avait alors balayé le peu de conscience qui s'éveillait en moi, m'empêchant de me concentrer sur ses paroles.

Il avait fallu que je me lève pour écouter le message sur mon répondeur : Ambre insistait, disait-il, pour que je sois présent à vingt heures précises à la galerie des Capucins, pour l'inauguration de ses toiles.

Am-bre, ces deux syllabes m'avaient soudain ressuscité tandis que je cherchais déjà comment diable j'allais bien pouvoir m'habiller (une obsession peut-être ?).

À présent, j'étais assis sur les toilettes, « au fond à gauche » m'avait-on précisé, méditant au fond de mon verre de champagne sur mon incapacité à affronter la foule empruntée qui s'extasiait devant les œuvres de ma rouquine préférée !

Il allait pourtant bien falloir que je sorte : derrière la porte, j'entendais déjà les soupirs nerveux de quelques dames torturées par leur vessie. Pour la crédibilité de mon isolement, je tirai la chasse d'eau et affichai mon meilleur sourire aux visages crispés qui accueillirent mon retour avec soulagement.

Je pris une grande inspiration, raflai une nouvelle coupe et replongeai avec appréhension au cœur de la multitude guindée : artistes aux allures de junkies, critiques rougis par l'alcool, personnalités locales en quête de publicité, une véritable conjuration suintant la convenance et l'hypocrisie.

J'avais bien croisé les silhouettes rassurantes du « clan » mais ils étaient, eux aussi, en scène. P'tit Pierre avait ferré une veuve fortunée, Jason planait dans un univers chimique inaccessible tandis que Zabo m'évitait aussi mystérieusement qu'ostensiblement.

Quant à Ambre, elle rayonnait, incendiant de ses mèches rousses chaque groupe qu'elle approchait. Elle portait une longue robe fourreau de velours émeraude et avait troqué son vieux Bic mâchonné pour une superbe épingle qui retenait l'architecture complexe de ses cheveux.

Ambre. Ambre. Ambre.

Mon cerveau refusait désespérément de penser à autre chose, bloqué sur les syllabes de ce prénom comme un vieux saphir sur un vinyle rayé.

Ambre. Ambre. Amb…

Soudain, je sentis une main se poser sur mon épaule. Je sursautai. Casanova.

« Blanche fille aux cheveux roux,
Dont la robe par ses trous
Laisse voir la pauvreté
Et la beauté,

Pour moi, poète chétif,
Ton jeune corps maladif,
Plein de taches de rousseur,
À sa douceur. »

Le vieil homme me fixait avec une telle insistance que j'en oubliais presque son infirmité. Il semblait contempler, satisfait, le fond de mon âme tandis qu'intérieurement, j'achevais de dérouler les vers baudelairiens que nous avions éveillés.

– Il est temps, jeune homme, que vous me fassiez découvrir les prodiges picturaux de notre « Mendiante rousse », voulez-vous…

Je me saisis de son bras et le guidai vers la première toile dont l'accès s'était miraculeusement dégagé devant l'étrange couple que nous formions.

Puis, d'une voix qui ne m'appartenait plus vraiment, je me mis à lui décrire les courbes esquissées, les seins lourds, les ventres saphiques qui s'entremêlaient en arabesques sombres sur le tableau. Au fil de mes paroles, ses doigts parcheminés parcouraient le relief complexe de la peinture étalée au couteau. Il semblait s'imprégner de l'essence du motif, m'emmenant à présent avec lui au cœur du dessin.

Nous formions une curieuse Trinité, faite de chair, de bois et de couleurs.

Enfin, les mots mêmes devinrent inutiles et nous errâmes d'œuvre en œuvre, perdant toute notion du temps.

Soudain, il n'y eut plus personne, juste le bruit de nos pas. Lentement, la Réalité tissa les fils acérés de sa toile, piégeant peu à peu nos sens hallucinés. Nous marchions côte à côte, encore soudés par l'étreinte déclinante de nos esprits. Puis la magie s'effilocha tout à fait, nous abandonnant, surpris, gênés presque, par tant de promiscuité.

Casanova serra une dernière fois ses doigts sur mon avant-bras avant de rompre définitivement (douloureusement ?) le contact. Ambre, seule au centre de la galerie, nous couvait d'un regard ému.

Je l'avais regardée s'éloigner, scrutant le moindre de ses gestes : le mouvement ample de la cape sur ses épaules, le tâtonnement fébrile vers la canne, puis la démarche s'imprégnant un peu plus de pure noblesse à chacun de ses pas.

Monsignore Luccas s'était retourné un instant, s'inclinant d'une brève révérence et avait disparu dans la nuit. Une silhouette échappée d'un rêve, replongeant dans les ténèbres.

Ambre avait refermé derrière lui. À clef.

Nous étions seuls et elle m'entraîna vers la plus grande de ses œuvres : un paysage complexe où convergeaient plusieurs dimensions, formant un écrin fantasmatique aux ébats sensuels de créatures féminines entremêlées.

Elle me laissa quelques instants. J'entendis le claquement des interrupteurs tandis que la lumière se réduisait progressivement. Bientôt, il n'y eut plus qu'un halo tamisé braqué sur le tableau.

Ambre m'entoura soudain de ses bras nus et le parfum cuivré de son corps s'infiltra dans tout mon être. Elle me fit pivoter d'une caresse prudente et riva ses yeux dans les miens. Je découvrais chaque détail de son visage avec une prodigieuse acuité : le dessin de ses pupilles dilatées, la courbe démesurée de ses cils, le frémissement rythmique de ses narines. Puis je plongeai dans l'étreinte de ses lèvres sensuelles. Anticipant mon désir, ma bouche se tendit. Ambre interposa une main ferme entre nos visages. Elle recula, s'éloignant de quelques centimètres.

Dans un bruissement de lourdes étoffes, sa robe s'étiola à ses pieds. Elle était nue.

D'un geste, elle libéra sa chevelure qui vint couvrir ses frêles épaules. Fasciné par la blancheur de cette chair et le feu de ses toisons rousses – l'une auréolant son visage, l'autre, plus petite, nichée au cœur de ses cuisses –, je m'agenouillai pour m'enfouir au creux de son ventre. Elle laissa échapper un étrange gémissement, saisissant ma tête pour mieux prolonger la caresse. De mes mains encore libres, je me débarrassai de mes vêtements pour goûter, de tout mon épiderme enflammé, la fraîcheur animale de son corps. Lentement, progressivement, chaque pore de nos peaux enfiévrées fusionnait au gré des vagues de plaisir. Nous roulâmes sur la moquette moelleuse, soudés en un amalgame confus de chairs enfiévrées.

La galerie déserte résonnait de nos soupirs, vibrant au rythme synchrone de notre étreinte. Puis vint le long tremblement d'avant l'extase, comme une urgence épileptique précédant l'Ultime Alchimie : cet instant furtif où nos âmes inextricables s'uniraient par-delà la volupté. Ambre se redressa soudain, et j'eus la vision furtive de son regard perdu, noyé par sa chevelure de feu. Enfin, tandis que je libérais le plus blanc de mes fluides vitaux, Ambre poussa un dernier cri.

Baignant nos corps épuisés d'ombres écarlates, les créatures saphiques du tableau nous contemplaient de leurs regards hallucinés…

Il n'y eut pas de prolongations ce soir-là, aucune de ces promesses naïves que l'on échange sur le ton des excuses, juste la certitude silencieuse d'un au revoir.

Je rentrai donc chez moi, les sens à fleur de peau. Je sentais flotter dans l'obscurité opaque de cette nuit d'été un parfum depuis longtemps oublié : la saveur suave de l'impossible, du merveilleux, de cette magie que seule l'enfance reconnaît.

Soudain, un carillon lointain fit exploser de deux coups assassins ma douce rêverie et je songeai, avec soulagement, que l'heure des crimes était passée.

Décidément, tout allait pour le mieux, mis à part, peut-être, cette soif d'eau fraîche qui me tiraillait tout à coup.

Chapitre 15

XIII, treizième arcane majeur du Tarot, la Lame Sans Nom.
Comme si ce chiffre portait en lui-même sa signification ou comme si ses auteurs avaient craint de la nommer.

Le sang s'était déjà coagulé, laissant, sur la surface miroir de l'acier inoxydable, une multitude de petites taches semblables à de la rouille.

Bistouris, pinces à griffes et ciseaux courbes, soigneusement alignés, reposaient sur la paillasse carrelée qui longeait la table de dissection chromée.

Rutilante sous les néons, elle recueillait, dans ses rigoles latérales, tous les fluides organiques qui s'échappaient du corps féminin fermement maintenu par des sangles de cuir.

L'épiderme glabre frissonnait malgré la chaleur étouffante qui régnait, comme une preuve que la vie habitait encore cet organisme mis à nu : une jeune femme dont les lèvres crevassées s'agitaient convulsivement dans un coma profond.

Un examen superficiel pouvait faire songer à quelque princesse maudite, dormant d'un sommeil enchanté mais, lorsque le regard s'attardait, l'horreur se démasquait.

Les avant-bras s'interrompaient brutalement, terminés par d'atroces plaies, tandis que les chevilles, sectionnées, laissaient entrevoir les os.

Soudain, l'ombre d'une main gantée hésita au-dessus des instruments, touchant une scie miniature, caressant le manche d'un couteau. Puis elle fit son choix, et se saisit d'un scalpel à la lame effilée.

Lorsque le métal acéré entama le cartilage auriculaire, les muscles de la victime se tendirent. Et, dans un bruit obscène, l'oreille tomba sur la table. Puis l'autre.

La main gantée fut rejointe par sa jumelle, l'une maintenant la tête, l'autre tranchant le nez d'un geste ample.

La douleur dissipa peu à peu les limbes du coma et la jeune torturée ouvrit la bouche pour hurler. Le cri s'étouffa dans le coton d'un linge soudain appliqué sur le visage. Elle voulut alors ouvrir les yeux, contempler son bourreau. Elle n'en eut pas le temps, soudain aveuglée par l'extraction de ses globes oculaires.

C'est à cet instant précis que s'acheva son supplice : dans un ultime sursaut, son cœur s'arrêta.

Le rituel pouvait commencer.

D'abord la dissection laborieuse et minutieuse du cœur : une offrande de choix pour séduire le Maître des Ténèbres. Puis le sacrilège : un crucifix pour une pénétration profane.

Enfin, l'invocation elle-même : un travail d'une extrême minutie, la lame du couteau devant dessiner chaque symbole, chaque lettre selon un tracé rigoureux sans entamer la chair trop profondément.

Et, tandis que sur le cadavre encore souple se formait l'immonde graphique, une lente mélopée vint rythmer l'œuvre macabre.

Soudain, la voix s'amplifia, vibrant d'une ferveur hystérique. Les muscles furent pris, un à un, d'une frénésie convulsive, se propageant de proche en proche jusqu'à la délicate tâche manuelle. Le pentacle se ferma avec une célérité surnaturelle puis la tête de bouc et les ornementations innombrables furent achevées en un temps record.

Les mains gantées lâchèrent le scalpel dans un fracas métallique et la transe s'écoula dans l unique corps vivant.

Le Temps s'arrêta. Quelque part dans une dimension alternative, de gigantesques portes s'ouvrirent, vomissant une entité indescriptible : la Bête avait flairé l'âme sacrifiée, s'apprêtant à l'engloutir. Un instant plus tard, tout était fini…

Le portail de cauchemar se referma soudain, ressuscitant les secondes en suspens. La Bête était repue à présent, mais Elle reviendrait pour un nouveau festin…

Le sang s'était entièrement coagulé, laissant, sur la surface miroir de l'acier inoxydable, une multitude de petites taches semblables à de la rouille.

Bistouris, pinces à griffes et ciseaux courbes, soigneusement alignés, reposaient sur la paillasse carrelée qui longeait la table de dissection souillée.

Lugubre sous les néons, elle regorgeait, dans ses rigoles latérales, de tous les fluides organiques qui s'étaient échappés du cadavre féminin gisant dessus, *perdu corps et âme.*

Chapitre 16

> « Au commencement était le Verbe,
> Puis vint Dieu.
> Et les emmerdements commencèrent… »
>
> Évangile selon saint Bob

Ce devait être une hallucination, une sorte de facétie illusoire issue de mes circonvolutions surmenées : non, décidément, je refusais tout net de croire au spectacle qui se déroulait sous mes yeux. À quelques mètres devant moi, dissimulé dans l'ombre des colonnades de la Vieille Bourse, Bob, je dis bien Bob, était *consciemment* en train de jouer aux échecs.

Avec un moine, de surcroît !

Estimant la probabilité d'un tel événement proche de l'infini négatif, mon cerveau tentait d'analyser rationnellement la situation : primo, Bob, je dis bien Bob, pratiquait, pour la première fois à ma connaissance, ce sport cérébral parfaitement éveillé – *impossible* ; secundo, son adversaire, affublé de signes extérieurs évidents d'intense religiosité, se tenait à moins d'un kilomètre de mon ami – *impossible* ; tertio, non seulement l'homme d'Église était encore en vie mais en plus, il osait gagner ! *Impossible.*

Autant de miracles en si peu d'espace dissipèrent mon athéisme acharné, me poussant à conclure que : premièrement Dieu semblait bien exister, et deuxièmement il était sacrément *balèze !*

Réconcilier Bob avec la religion, voilà un tour de force qui m'avait toujours semblé inimaginable. Et, tout en observant la scène, je songeai à toutes les tirades, injures et sacrilèges que mon bouquiniste préféré avait proférés au cours de son existence. Je finis donc par m'approcher pour résoudre définitivement ce mystère.

Le voile se dissipa progressivement. Tout d'abord, je fus frappé par la ressemblance des deux protagonistes : deux visages lunaires, rubiconds, éclatants de bonne chère. Deux estomacs démesurés qui débordaient des ceintures et surtout quelques cadavres de Trois-Monts gisant à leurs pieds.

La Tentation face à la Dévotion, semblables et antinomiques !

Puis je saisis quelques bribes de leur dialogue, portant les stigmates d'une vieille complicité. Finalement, je reçus l'ultime explication :

– Toubib ! Te voilà enfin. Tu es en retard sur mes prévisions, je pensais te voir beaucoup plus tôt aujourd'hui. Ne dis rien et assieds-toi, j'ai une fameuse surprise pour toi : mon cher Ange, je te présente frère Tuck, moine de son triste état et frère de sein de ton serviteur…

Effectivement, la surprise était de taille !

En quelques secondes, je fus submergé par un flot incommensurable d'informations dispensées en stéréo asynchrone d'où je pêchais, tant bien que mal, un certain nombre d'éclaircissements.

Frère Tuck (révérend père Mandini, de son véritable patronyme) était non seulement un *authentique* homme de foi, mais il exerçait de plus l'incroyable et anachronique spécialité d'exorciste !

Je ne pus m'empêcher de sourire à l'annonce de sa profession et réalisai aussitôt mon erreur. Les deux joueurs d'échecs s'étaient soudain figés, outrés de mon scepticisme, et je savais que j'allais avoir droit à un sermon en bonne et due forme.

– Crénom, toubib ! Comment oses-tu te moquer ? Tu nous offenses, toi et ton fichu esprit cartésien…

– Mais enfin…

– Et ne m'interromps pas, veux-tu ? Écoute plutôt, écoute et apprends.

Il fit une courte pause, vidant la subite colère qui l'avait envahi. Puis il se leva, me força à prendre sa place sur le banc de bois et se drapa dans le rôle du docte initiateur. Je poussai un soupir de soulagement : Bob était de nouveau en représentation et je savais que cela signifiait la fin des hostilités. Je pris alors une attitude studieuse, prêt à boire ses paroles tandis que frère Tuck m'adressait un clin d'œil en vidant d'un trait cinquante centilitres de bière brune et amère.

– « Écoute, Satan maudit, je t'en adjure par le nom du Dieu éternel et par celui de Notre Seigneur Jésus-Christ qui t'a vaincu, avec ta jalousie, va-t'en, tremblant et gémissant… » Ça ne te dit rien, n'est-ce pas, toubib ? Et pourtant, tu connais ces paroles et elles sont probablement gravées quelque part dans ton inconscient. Car tu les as déjà entendues, il y a bien longtemps. Le jour de ton baptême, pour être précis.

Rien.

Je ne comprenais absolument rien et sortis le plus bel air de crétin que ma physionomie me permît d'afficher. Je sentis Bob proche de l'ébullition, mais il se contenta d'abdiquer en se tournant vers le moine.

– Dis *padre*, prends le relais veux-tu, le toubib, là, il me fatigue vraiment…

Les deux montagnes échangèrent alors les rôles et j'évitai soigneusement de croiser leur regard. Bob déplaça une pièce sur l'échiquier, marquant le coup d'un bruit mat puis m'asséna une bourrade qui me remit définitivement les idées en place. J'étais prêt à écouter les accents graves et chaleureux de la voix de frère Tuck.

Il débuta son discours par un bref rappel sur l'importance de la sorcellerie et de son combat dans l'histoire de la chrétienté[1].

Puis, il m'expliqua que l'exorcistat était l'un des quatre ordres mineurs conférés aux futurs prêtres[2] pour tenter de limiter les ravages de Satan au quotidien.

En revanche, l'exorcisme solennel, visant à la levée d'une possession satanique, n'était, quant à lui, pratiqué que par une sorte de prêtre spécialisé, nommé et reconnu officiellement par le diocèse.

Ainsi, au cœur même de ce XXIe siècle qui reniait Foi et Morale, subsistait le corps très professionnel des exorcistes, dont j'avais devant moi l'un des membres les plus prestigieux !

Ces derniers n'intervenaient que sur ordonnance spéciale, là où la science elle-même avait définitivement

---

1. La « chasse aux sorcières » s'étala principalement du XVe au XVIIe siècles, ainsi qu'en témoignent, entre autres, les ordonnances royales de Charles VIII enjoignant de « rôtir, brûler sans autre forme de procès, les sorciers » ; ou la terreur des sortilèges sous François Ier et Henri II jusqu'à la fin théorique de ces atrocités en 1675.

2. Par ce pouvoir, les futurs prêtres sont, en principe, capables de lutter avec le Diable sur son territoire de prédilection : l'Humain. Ainsi, les paroles prononcées lors de la liturgie du baptême font-elles partie de la pratique de « l'exorcisme ordinaire » destinée à soustraire le nouveau-né à la Tentation Démoniaque.

échoué. À la manière d'un médecin, l'exorciste devait, préalablement à toute intervention, établir le diagnostic de possession selon des critères précis issus d'antiques traditions : la victime devait faire « usage et intelligence d'une langue inconnue, avoir connaissance de faits distants ou cachés, et manifester une force physique dépassant l'âge ou la condition du sujet ». Et si ces faits ne pouvaient répondre à aucune explication rationnelle et avaient une finalité mauvaise, le praticien pouvait alors légitimement conclure à une intervention démoniaque et agir selon des modalités rigoureuses.

Bien évidemment, mon esprit ne pouvait se résoudre à adhérer totalement à cet exposé. Cependant, au fur et à mesure de la démonstration, les souvenirs de mon expérience médicale et psychiatrique antérieure me poussaient à adopter un autre mode de pensée. Combien de malades avaient mystérieusement échappé à nos investigations ? À nos traitements les plus sophistiqués ? La folie était-elle vraiment à ce point éloignée de la magie ?

J'étais complètement désorienté, noyé par les réflexions théologiques qui m'envahissaient. Soudain, Bob me fit remarquer que mon messager de poche « s'affolait sérieusement ». Casanova me l'avait restitué l'autre soir à la galerie et j'avais complètement oublié qu'il était resté dans ma poche : Aziz ! Aziz ?

Biiip. Mon cerveau refusait toujours d'abandonner la partie. Biiip. Il résistait à la stimulation auditive. Biiip. En vain. Biiip. Cet insupportable son aurait été capable de réveiller un mort : décidément, les sadiques qui avaient conçu cette machine infernale avaient tout prévu.

Et dire que je n'étais même pas de garde.

Chapitre 17

« La mort est belle. Elle seule donne à l'amour son vrai climat. »

J. Anouilh

Diffractée par la tubulure translucide de la perfusion, la lumière artificielle dessinait un halo psychédélique sur la poitrine nue.

J'écoutais le feulement asthmatique du respirateur tandis que, sur le moniteur, une lueur verdâtre dessinait ses pulsations cardiaques.

Je m'appuyai sur le métal froid des barrières de lit et inspirai l'air aseptique de la chambre. unité de soins intensifs, des mots qui me laissaient un goût étrange, la saveur confondue de chairs ressuscitées et de cadavres pourrissants à la fois.

Tout un univers si familier et si lointain qui me renvoyait, de plein fouet, à la réminiscence de ces longues années où, pour faire ma médecine, j'avais oscillé entre urgences et réanimation.

Et voilà qu'à présent je retrouvais ces sentiments qu'à force de patience j'avais enfouis au plus profond de moi, en contemplant l'appareillage sophistiqué qui entourait le sommeil assisté d'Ambre...

– Ne vous inquiétez pas, m'avait déclaré l'infirmière, elle ne semble pas présenter de lésions cérébrales. Mais comme elle a fait quelques pauses respiratoires après sa crise convulsive, nous avons dû la mettre sous assistance transitoire et la *sédater* pour qu'elle supporte la machine.

Effectivement, je n'étais plus inquiet à présent. Plus du tout.

J'étais terrorisé.

Lorsque j'avais répondu à l'appel d'Aziz (quelques minutes ? heures ? siècles ? plus tôt) et qu'il m'avait annoncé qu'Ambre avait été hospitalisée dans la matinée, j'avais foncé vers le CHR. En arrivant, j'avais croisé le regard fantomatique de Casanova voûté sur sa canne, ignorant les paroles de réconfort qu'il m'avait tendues au passage. J'avais surgi comme un forcené dans la salle de soins, me frayant un chemin parmi les blouses blanches. Et, avant même de pouvoir accéder dans le couloir des baies vitrées derrière lesquelles reposaient les patients de l'unité, deux aides-soignants m'avaient intercepté et calmé *manu militari*.

Renvoyé en salle d'attente, j'avais écouté les explications de Casanova : il avait trouvé Ambre chez elle, étendue sur son lit, en proie à une nouvelle crise d'épilepsie (une affection qu'elle s'employait à dissimuler depuis son enfance, me dit-il) probablement en rapport avec les excès des derniers jours. Ensuite, il avait appelé les secours et, devant l'importance de l'accès, on l'avait placée en soins intensifs. L'infirmière avait alors pris le relais en m'affirmant que d'ici demain probablement (probablement ! ?), elle reprendrait une conscience normale et qu'elle serait sortie sous peu. Mais oui, je pouvais aller la voir maintenant, quelques instants si je promettais d'être raisonnable. J'avais promis. Et puis demain je pourrais rencontrer les médecins…

Et voilà pourquoi je me retrouvais à présent au pied de ce lit, cerné de technologie médicale de pointe, à l'affût du moindre signe de vie. Je m'approchai un peu plus, effleurai ses mèches rousses et serrai ses fines mains pour lui signifier que j'étais là.

Tout simplement.

Soudain, je réalisai que mon souffle s'était accordé avec le respirateur et que mon cœur battait au rythme des pulsations lumineuses du scope.

– Dix-huit heures, m'annonça un soignant anonyme.

Le moment de partir. J'embrassai la peau fraîche une dernière fois avant de m'exécuter.

Cette fois, c'était sûr, Ambre était définitivement entrée dans mon existence.

Chapitre 18

> Ce qui différencie le professionnel de l'amateur, c'est l'amour que porte le premier à son art.
> Ceci reste valable pour les assassins.

« France Info, huit heures. Le journal de Marie-France Colombier. Faits divers : le corps mutilé d'une jeune femme a été retrouvé tôt dans la matinée en plein cœur de Lille. La ville est en état de choc, reportage à la fin de cette édition. Transports : les syndic… » CLIC.

Les limbes hypnotiques des somnifères que j'avais absorbés la veille après ma visite à l'hôpital explosèrent tout à coup : un nouveau cadavre !

Je me précipitai sous la douche et m'habillai en un temps record. Quelques dizaines de minutes plus tard, je garai mon véhicule devant l'Institut avec un mélange de curiosité et d'appréhension : Vanacleef devait être vert de rage et je ne voulais manquer ça sous aucun prétexte !

Martyrisant un fétiche rudimentaire de paille et de ruban, Lagavulin arpentait le bureau de long en large. Ses membres décharnés fouettaient l'air avec violence et son costume sombre légèrement froissé le faisaient ressembler à un « oungan », un prêtre vaudou, en pleine transe.

Tassés sur nos confortables fauteuils de cuir, nous attendions, Aziz et moi, que le courroux du professeur s'apaise :

– Les imbéciles ! Je leur avais pourtant bien dit de ne pas mêler la presse à tout cela !... Regardez, il se tourna vers nous en désignant l'article détaillé d'un journal local, tous les détails sont là : les circonstances de la découverte, les mutilations et tout un lot d'hypothèses fantaisistes alors que nous n'avons même pas encore pratiqué l'autopsie !... Et je ne vous parle pas du réveil : le maire, le commissaire et une telle flopée de journalistes que j'ai dû débrancher mon téléphone et sortir de chez moi par la porte de service !... Mais quelle bande de crétins !

En prononçant ses derniers mots (parfaitement inhabituels dans sa bouche), Vanacleef propulsa le fétiche qu'il tenait directement sur la bouteille de scotch en équilibre au bord du bureau : il suivit la chute des yeux, anticipant l'inévitable déflagration du verre sur le sol. Il n'ébaucha pas le moindre geste pour éviter la catastrophe mais, lorsque les vapeurs de l'alcool répandu envahirent l'atmosphère, il se calma soudain et s'assit.

La nécropsie dura plus de quatre heures : même vision de cauchemar, même horreur que la première fois, un cadavre épouvantablement identique. Le matricule 1-01-06-04 était revenu d'outre-tombe, rien que pour nous. Les mêmes blessures, les mêmes amputations, la même collection d'atroces morceaux choisis. Nous travaillions en silence, chacun affrontant de son côté ses propres démons intérieurs. Même Aziz...

Je compulsais chaque constat, chaque élément avec une rigueur obsessionnelle, cherchant une différence subtile, un changement de procédure. Mais le rituel semblait s'être déroulé avec une logique similaire, une gémellité troublante : il était évident que nous avions à faire au même assassin…

Soudain, un trille suraigu vint déchirer l'atmosphère de nécropole qui s'était abattue sur nos épaules : Vanacleef détacha le téléphone portable de sa ceinture, décochant un « Allô » lugubre. Je vis son visage se tendre, ses mâchoires crispées à se rompre et une petite veine bleutée apparaître sur sa tempe. Il écoutait sans rien dire, analysant simultanément toutes les informations délivrées par le minuscule haut-parleur collé contre son oreille. Puis il raccrocha, rangeant avec une lenteur surnaturelle le combiné. Il me fixa longuement, gravement et déclara :

– C'était inévitable, je suppose… Venez Ange, j'ai un travail pour le psychiatre qui sommeille en vous.

L'homme suait abondamment et je voyais s'agrandir, de minute en minute, d'écœurantes auréoles humides sur sa chemise. Il portait de petites lunettes rondes qui agrandissaient de façon grotesque ses yeux porcins. Ajoutons à cela une calvitie galopante, quelques dizaines de kilos superflus et des mains abominablement moites, et le personnage vous semblait totalement exécrable : un parfait coupable. D'ailleurs sa déposition, que je parcourais distraitement, confirmait en tout point le récit des journaux.

Le parfait coupable, vous dis-je.

Bien évidemment, il ne fallait négliger aucune piste et c'est pour cela que le commissaire divisionnaire avait demandé à Vanacleef de donner un avis sur la santé mentale de cet homme qui s'était accusé, quelques heures plus tôt, du double meurtre : eh oui, les journalistes avaient fait preuve d'une efficacité remarquable, parvenant à récupérer le double du rapport préliminaire de la première autopsie ! L'entretien ne dura cependant pas très longtemps, l'homme confirmant des détails que j'inventais au fur et à mesure : un nouveau client pour l'hôpital psychiatrique le plus proche.

Ce succès facile me laissa un goût amer que je partageais avec le professeur, car nous savions qu'à présent tout le monde possédait le macabre mode d'emploi du « Boucher du Vieux Lille » : en un même jour, le meurtrier avait gagné un surnom et une renommée.

Il ne tarderait donc pas à avoir des admirateurs et bientôt des imitateurs…

Chapitre 19

« L.S.D : Lyserg Saure Diethylamid. Substance hallucinogène tirée d'alcaloïdes présents dans l'ergot de seigle. »

Dictionnaire Robert

La victime, Claire de Lannoy, vingt-quatre ans, avait été rapidement identifiée grâce aux seuls renseignements véritables qu'avait donnés l'homme aux lunettes : il la connaissait en effet comme cliente régulière de la petite boucherie de quartier où il était employé. Pour le reste, il fallait attendre les résultats de la courte enquête de police encore en cours.

Après le commissariat, j'avais raccompagné Lagavulin à l'Institut où je l'avais confié aux bons soins d'Aziz. J'en avais profité pour récupérer le brouillon de mes notes et le nouveau schéma des inscriptions taillées dans la chair de la victime que j'avais déposé en coup de vent chez Bob et son ecclésiaste acolyte. Puis je m'étais dirigé à tombeau ouvert au Centre Hospitalier Régional pour retrouver Ambre : il était quatorze heures, le moment privilégié où le corps médical daignait permettre les visites…

D'abord, je fus pris d'une panique irrépressible : elle n'était plus dans sa chambre et personne, les équipes ayant changé, ne semblait savoir ce qu'elle était devenue !

– Rassurez-vous (l'éternel leitmotiv médical), m'avait-on dit avec une candeur malicieuse, elle n'a pas pu partir bien loin…

Effectivement, après avoir interrogé trois infirmières, deux femmes de ménage et quelques secrétaires ménopausées, emprunté deux ascenseurs (dont un strictement réservé au personnel, m'avait-on fait remarquer) et arpenté les trois quarts de l'établissement, je parvins à la chambre n° 112 bis (certaines superstitions ont la vie éternelle), qu'Ambre partageait avec une quadragénaire hystérique en train d'expliquer les trépidantes aventures de ses varices et autres hémorroïdes.

À mon entrée, la brave femme se tut, me lançant un regard méfiant : je n'étais visiblement pas un membre de l'équipe de soins (l'absence de blouse blanche en attestait) et je ne faisais pas partie de son entourage (Dieu m'en préserve !), alors de quel droit pénétrais-je sur *son* territoire ?

Ambre, réveillée et « débranchée », eut un éclair de génie en lançant d'une voix enrouée :

– Madame Lozier, permettez-moi de vous présenter Ange, mon fiancé…

Décontenancé par une telle annonce, je saluai gauchement la Dame aux Varices et m'assis sagement auprès de ma « promise ».

Paralysé, j'étais paralysé, bafouillant intérieurement de telles banalités que j'en rougissais d'avance. Et puis, qu'avions-nous à nous dire, au fait ? J'avais partagé son lit, certes, mais cela me conférait-il un pouvoir particulier ? Étais-je réellement à ma place ici, dans cette intimité maladive qui ne m'appartenait pas ?

J'allais reculer, partir en m'excusant quand soudain elle saisit ma main. Ambre coupa court à toutes mes hésitations, en murmurant à demi ces paroles éraillées :

– Tu sais, c'est comme si je mourrais un peu plus à chaque fois, dit-elle les yeux noyés de larmes… Comme si on me volait un petit bout de vie, sans que je m'en aperçoive… Ce n'est même pas douloureux, c'est… c'est pire : le néant qui me tombe sur les épaules soudain, sans prévenir. Et puis, plus rien… Plus rien avant le retour : la sensation abominable de me noyer à quelques centimètres de la surface sans que personne ne puisse rien faire…

Elle marqua une pause, l'esprit échoué sur un minuscule astéroïde à des années-lumière de la réalité. Je dépliai lentement ses doigts crispés, caressant les articulations blanchies par l'effort. Elle posa de nouveau les yeux sur moi et reprit son monologue :

– J'ai rêvé de toi, mon Ange, pendant mon coma… Un rêve étrange, presque un cauchemar à vrai dire… Il faisait nuit et pourtant presque jour : ce devait être la pleine lune, je suppose… J'étais en train de voler, non, j'étais dans le ciel. Et soudain, je t'ai vu, nu au milieu d'une clairière…

Chaque mot, chaque syllabe du récit psalmodié par Ambre, résonnait d'un écho lugubre aux confins de ma raison, et j'avais l'impression de revivre ma première nuit chez Casanova !

– Et puis cette chose à tête de renard s'est jetée sur toi, comme pour te dévorer… Et moi là-haut, totalement impuissante… Je ne sais… Je ne sais pas ce qui s'est passé après. Je me suis réveillée soudain dans cette chambre de réanimation avec tous ces… toutes ces machines qui m'enregistraient…

Épuisée, elle sombrait peu à peu dans un sommeil irrépressible et sa voix prenait à présent des accents de petite fille. Je n'eus pas le cœur de l'interrompre tandis qu'elle continuait de plus en plus faiblement :

– Lorsque j'étais enfant, je me réveillais souvent… la nuit, effrayée… Je crois bien que toutes ces bêtes empaillées me faisaient peur… Alors, Monsignore… Tu sais, le vieil aveugle… venait dans ma chambre pour me consoler… Il avait composé une comptine, quelques vers pour m'endormir.

Elle se mit alors à réciter :

« Venez, fées et farfadets, venez,
Car Ambre vous appelle…

De vos souches, de vos bois,
Sortez, montrez votre nez.

Prenez chausses et balais,
La sorcière est aux abois…

Venez, fées et farfadets, venez,
Car Ambre vous appelle…

De vos tonnelles, de vos futaies,
Sortez tous de vos abris… »

« Car en cette douce nuit,
La sorcière doit brûler… »

Je sursautai, surpris par les accents graves de Casanova que je n'avais pas entendu entrer. Ambre avait sombré maintenant, et il la *regardait*, une main posée sur mon épaule.

Nous sortîmes de la chambre en silence, suivis de (très) près par le regard ébahi et suspicieux de la Dame aux Varices qui n'attendit même pas le claquement de la porte pour décrocher son téléphone : dans moins de dix minutes, toute la famille Lozier connaîtrait l'étrange histoire de l'épileptique-aux-cheveux-roux, de son fiancépas-causant et du vieil-aveugle-à-la-comptine. Peu importe les détails, elle les inventerait !

Dans le couloir, quelques patients plus valides que les autres échangeaient de passionnantes considérations sur leurs pathologies respectives, s'inquiétant de n'avoir pas eu droit aux mêmes examens que l'oncle Arthur ou aux mêmes pilules que l'asthmatique du 115.

L'équipe soignante prenait le rituel café de fin d'après-midi et l'on sentait que les malades prenaient leur revanche en s'évadant (de quelques mètres à peine) de leur chambre. Je connaissais bien cette étrange atmosphère que l'on ne retrouve qu'à l'hôpital, cette fraternité qui naît dans la douleur : je l'aimais.

Je me détachais ainsi, peu à peu, des lourds sentiments qui m'avaient envahi en voyant Ambre. Je retrouvais mon acuité professionnelle et l'être médical qui sommeillait en moi refit surface : j'avais besoin de savoir, de tout savoir.

Je priai Casanova d'aller m'attendre devant l'entrée, au rez-de-chaussée, prétextant un livre oublié auprès d'Ambre. Je mentais mal et je sentis que j'avais vexé le vieil homme. Il ne fit cependant aucun commentaire, se hâtant soudain vers l'ascenseur. J'attendis qu'il disparaisse, avalé par les portes métalliques et avisai une proie esseulée : à quelques pas devant moi, un interne des hôpitaux regardait dubitativement le tracé fantomatique d'un cliché pulmonaire sur un négatoscope.

Je fis appel à tous mes souvenirs radiologiques et l'abordais en commentant les images :

– Comblement du cul-de-sac pleural droit, faisant évoquer une complication purulente de la pneumopathie parenchymateuse homolatérale.

– Effectivement, mais ça n'explique pas le tabl…

Il s'était retourné vers ce confrère qui avait levé ses doutes, reconnaissant à coup sûr le langage des initiés.

Puis, m'apercevant, il s'était soudain figé, ébahi : pas de blouse blanche (donc *exit* le confrère), pas de nœud papillon (donc *exit* le professeur), juste un *vulgum pecus*. Il était à point !

Ma petite introduction ayant balayé ses réticences, je me présentai comme le médecin traitant d'Ambre. Il me livra alors le portrait technique du 112 bis, côté fenêtre : mensurations, examens complémentaires, diagnostic principal retenu, crise convulsive non compliquée. Puis il changea de ton, s'approchant un peu plus pour me demander à voix basse :

– Saviez-vous que votre patiente prenait des toxiques ?

– Quoi ?

– Eh ben, on a retrouvé dans son sang des traces d'acide lysergique diéthylamide. Du L.S.D., c'est ce qui a dû provoquer sa crise…

Interloqué, je le plantais là, moi et ma fichue curiosité ! Du L.S.D., autant dire de la schizophrénie en gélule ! J'étais furieux, mais de quel droit au fait ? Ambre ne me devait rien, bon sang ! Et pourtant, je ne pouvais pas faire abstraction de mes connaissances sur cette molécule tentatrice, sur son pouvoir incontrôlable !

Beaucoup s'y étaient essayés : hippies, alchimistes-psychiatres, explorateurs de la conscience et autres illuminés. Peu en étaient revenus indemnes !

Et, à présent, elle était reléguée au plus bas niveau pharmaceutique : la rue, apanage de junkies à la recherche d'expériences extrêmes ou d'artistes en panne de Muse…

Soudain, je sentis le poids des quelques six cents dernières minutes de mon existence s'abattre sur mes épaules : et, à raison d'une tonne de *sensations fortes* par seconde, l'addition s'avérait sacrément lourde !

Casanova avait disparu, rentré chez lui sans doute. Je posai ma tête sur le volant dans l'espoir double de purger mon cerveau du surplus de bagages et d'imprimer le logo Citroën sur mon front. J'obtins un demi-succès en m'écroulant, endormi, sur le levier de vitesse qui vint se ficher sournoisement entre mes côtes.

Lorsque je me réveillai, il faisait nuit et le parking hospitalier était désert. Je tournai la clef de contact avec la ferme intention de retrouver mes draps au plus vite…

Quelqu'un pourrait-il m'expliquer pourquoi je me retrouvai, à présent, devant la porte de Barbara ?

Elle ne dit rien, ne fit rien, elle comprit. Ainsi passais-je la nuit, emmitouflé dans une couverture, sur son canapé…

Chapitre 20

> « Le regard de l'Autre est un miroir dans lequel il vaut mieux ne pas plonger, sous peine de s'y noyer… »
>
> Aphorisme prudent

– Je l'ai !

Trois mots. Ou plutôt deux et demi.

Voilà tout ce que l'un de mes anciens confrères avait laissé sur mon répondeur avant que je n'ai eu le temps de décrocher.

Trois mots. Et l'enquêteur qui sommeillait en moi me tirait déjà hors du lit – après ma courte nuit chez Barbara, j'étais rentré pour me recoucher aussitôt.

Décidément, le cadavre de Sophie Dellange avait décidé de me compliquer l'existence.

Je m'installai devant mon téléphone – un modèle antique en PVC gris, orné d'un *superbe* cadran translucide – et composai le numéro du docteur H.

Sur le plan professionnel, le docteur H. était sans doute l'un des meilleurs d'entre nous et je l'avais tenu au courant de nos conclusions au fur et à mesure. Sans en référer à qui que ce soit, bien sûr.

Il n'avait jamais émis le moindre commentaire, se bornant à noter – j'entendais à l'autre bout du fil la plume de son stylo griffer le papier de son écriture martiale – tout ce que je lui racontais.

Puis il raccrochait.

– Viens !

Un mot.

Voilà tout ce qu'il m'accorda.

Suffisant, hautain et dédaigneux.

Sur le plan personnel, le docteur H. était sans doute l'être le plus exécrable que je connaissais.

Mais comme j'avais décidé de ne pas le traiter de *pauvre con*, j'égrenais le dictionnaire des synonymes tout en l'écoutant pérorer au cœur de son bureau Napoléon III.

Pervers, mythomane, un Q.I. frôlant le génie et une situation sociale au-dessus de tout soupçon. Le portrait de son « client » avait de quoi faire pâlir le plus endurci des chefs de service d'U.M.D.[1]

Il venait s'allonger sur le divan tous les vendredis soirs pour débiter les horreurs profondément endormies dans son inconscient. Enfin, disons qu'il venait tous les vendredis soirs abreuver son psychanalyste – le docteur H. était non seulement psychiatre mais en plus il avait développé un goût immodéré pour Lacan et ses émules – d'histoires destinées à réveiller les plus bas instincts de son thérapeute.

Pour le placer dans un « état de fascination morbide », cet instinct primitif qui sommeille en chacun d'entre nous

---

1. U.M.D. : Unité pour Malades Difficiles. Il n'existe qu'une poignée de ces services en France destinés à accueillir les patients atteints de pathologies psychiatriques ou de troubles graves de la personnalité. Les malades y sont souvent dangereux et l'encadrement est adapté à la situation.

et qui nous pousse à ralentir sur l'autoroute pour regarder les accidents.

Une sorte de voyeurisme macabre inhérent à la nature humaine.

Bref, il s'agissait d'une structure perverse élaborée à haut potentiel nuisible.

Un malade ?

Pas si simple.

Le pervers n'est pas fou. Il agit en pleine connaissance de ses actes. Pour le plaisir. Enfin plus exactement, pour en tirer une jouissance. Car le pervers poursuit un objectif simple : détruire l'Autre en le manipulant. Et si cette œuvre de sape passe par l'exposition des pires sentiments humains, c'est encore mieux.

Le « client » du vendredi soir, donc, tentait depuis près d'un an d'entraîner le docteur H. sur une pente savonneuse.

Seulement, il était tombé sur un os. Car le docteur H. était le meilleur thérapeute de la région.

Il se contentait de le recevoir, de l'écouter et de le censurer quand il le fallait.

Mais pour ne pas que son « client » s'éloigne – au risque d'aller détruire un autre thérapeute –, le docteur H. lui lançait régulièrement des défis. De petites provocations anodines qui titillaient l'orgueil de son patient, le poussant à revenir, sans cesse.

Un jeu tout aussi pervers en définitive, mais pour la bonne cause. Enfin, en général.

Au bout d'une heure, après la lecture de différents extraits d'entretiens, le « client du vendredi soir » m'apparut être un bon candidat.

Il disposait de suffisamment de moyens pour s'assurer la mise à disponibilité du matériel nécessaire. De plus, on l'avait aperçu dans quelques clubs échangistes chics qui faisaient aussi partie des fréquentations de Sophie Dellange.

Le seul hic, c'est que ni le docteur H. ni moi ne parvenions à imaginer le « client » s'adonner aux basses besognes du meurtre proprement dit.

La séduction de la victime, sa manipulation, oui. L'empoisonnement éventuellement. Mais le reste du rituel semblait trop sanglant, trop vulgaire pour un tel personnage.

La conclusion s'imposait : il lui fallait un complice !

Bon.

J'avais son adresse. Je connaissais ses habitudes. Et sa culpabilité semblait hautement probable.

D'un autre côté, je n'avais aucun contact fiable dans la police et aucune preuve suffisante pour l'accuser officiellement.

Je tournais en rond dans mes quelques mètres carrés à la recherche d'une issue, d'une éclaircie dans ce fichu imbroglio.

Mon existence tout entière venait de connaître, en quelques jours à peine, de tels retournements que j'étais incapable d'analyser les événements avec objectivité.

Je me mis à fouiller les moindres recoins de mon appartement à la recherche d'un peu de nicotine en paquet de 25.

Une quête parfaitement inutile.

J'avais vaincu le démon du tabac depuis presque un an et la dernière cigarette qui avait franchi le seuil de ma porte était passée illico par la fenêtre.

Mais bon, ça m'occupait.

Le seul remède que je connaissais contre l'incertitude, c'était l'action.

L'action. Voilà exactement ce qu'il me fallait.

Chapitre 21

« Élémentaire, mon cher… »

Réplique télévisuelle d'un célèbre détective

Il me fallait un plan.

Simple. Efficace. Imparable.

Le flag. Il me fallait un flagrant délit. Ou tout au moins une preuve irréfutable que « le client du vendredi soir » – appelons-le Monsieur X pour plus de commodités – et son mystérieux acolyte séquestraient des jeunes filles avant de les sacrifier.

Car j'en étais persuadé, les assassins n'en étaient pas à leur premier coup. Peut-être même qu'ils filmaient leurs macabres cérémonies.

Snuff movies, tel était le nom que l'on donnait à ces tournages amateurs d'un genre très spécial. Personne n'en avait jamais vu mais cette légende urbaine avait la peau dure. Et comme il n'y a pas de fumée sans feu…

Bref, il me fallait un plan.

Hors de question d'impliquer Vanacleef. Il me renverrait à la case police, option qui me paraissait par trop prématurée.

Idem pour Aziz.

Bob ?

Difficile de l'imaginer hors de « ses » murs, loin de « ses » livres. Et puis, la piste que je me proposais d'explorer renvoyait toutes nos découvertes au rang du folklore. Il trouverait sans doute mes explications trop simples, trop évidentes.

Exit Bob, donc.

L'excitation qui faisait bouillir mes neurones depuis mon entrevue avec le docteur H. tomba d'un coup. Je me laissai aller sur le rebord de mon matelas.

Abattu.

L'entreprise m'apparut soudain démesurée. Je n'étais après tout qu'un apprenti légiste et mon expérience des criminels se bornait à des rencontres derrière un bureau. Certes, je pouvais comprendre leur fonctionnement, voire anticiper leurs réactions, mais de là à les poursuivre dans les rues, il y avait un gouffre.

Je m'allongeai, les yeux rivés sur les taches du plafond.

Et puis il y avait Ambre. Ambre et ses promesses d'une vie meilleure. En tout cas d'une vie partagée. Ambre et…

P'tit Pierre !

Je me redressai d'un bond. Comment n'y avais-je pas songé plus tôt ?

P'tit Pierre était le complice idéal. Il avait un pied dans tous les milieux à sexualité déviante de la région. Il ferait une taupe parfaite.

Lui observerait Monsieur X lors des soirées. Moi, je me chargerais de le suivre lors de ses déplacements.

J'avais un plan.

Simple. Efficace. Imparable.

Chapitre 22

« Des champs de pestilence,
Je suis sorti, Bête immonde,
Pour apporter à ce triste monde,
Mort, désolation et sinistre engeance… »

L'Ange déchu, Axel D.

Certains surnoms vous tombent dessus, comme ça, un jour. Sans raison apparente, sans justification, sans même se donner la peine de vous prévenir. Et pourtant ils se mettent à vous séduire, ils s'imposent peu à peu pour finir par gommer votre véritable identité.

Certains surnoms vous collent à la peau.

Allez savoir pourquoi.

P'tit Pierre n'était pas petit. Et il ne s'appelait même pas Pierre. Il était poète. Poète et gigolo : un concentré de paradoxes noyé dans un quintal de muscles soigneusement entretenus.

Il avait gardé de sa naissance sur les rives polluées du Rhin une blondeur surnaturelle et une pointe d'accent germanique. Un goût prononcé pour la discipline sportive et des yeux bleu pâle, aussi.

Pour le reste, P'tit Pierre ne semblait avoir aucun souvenir, aucun passé. Du moins se refusait-il à révéler quoi que ce soit à qui que ce soit. Les rares intimes qui croisaient dans les eaux tourmentées de son univers devaient l'accepter. L'accepter ou partir vers d'autres rivages.

P'tit Pierre paraissait tout droit sorti d'un roman de Swift, échoué là en terre irrémédiablement étrangère : un géant amnésique qui avait abordé la ville flamande un jour, comme ça. Il avait braqué son regard translucide sur la pointe ocre du beffroi et il était resté.

– À quoi tu penses, mon chéri ?

La pénombre artificielle des alcôves laissait entrevoir quelques silhouettes entremêlées. De temps à autre, le pinceau d'un projecteur révélait, une seconde à peine, la nudité de corps multiples, confondus dans de complexes étreintes.

P'tit Pierre avait l'impression de contempler les inquiétantes sculptures de chimères monstrueuses. Ici, un visage déformé par le plaisir jaillissait entre les courbes musculeuses de cuisses gainées de cuir. Là, une poitrine opulente disparaissait sous une multitude de mains surgies de l'ombre. Plus loin, un sexe dressé hésitait, gourmet, entre deux croupes tendues vers la lumière. On aurait dit une gigantesque exposition de phénomènes de foire, partageant quelques parcelles de peau dans de dérangeantes unions siamoises.

– Chéri ?

Une main s'était posée sur la cuisse du géant.

Sans un mot, P'tit Pierre tourna son visage fin vers la voix, le sourire noyé par les bulles d'une coupe de champagne. Il laissa son regard délavé dériver sur les courbes lasses de la femme assise à ses côtés : madame M., qui affichait avec une coquetterie discrète les rides de soixante années à peine révolues. Quelques touches subtiles de rimmel parvenaient à gommer le contour flasque des paupières tandis qu'un trait de rouge à lèvres soulignait le dessin d'une bouche encore enfantine. Quant au reste du visage, il se dissimulait sous une couche de fond de teint répartie avec science. Pour tout dire, madame M. était jolie. Elle faisait penser à une petite fille qui aurait vieilli subitement en une seule nuit. L'une de ces nuits magiques et maléfiques dont P'tit Pierre remplissait ses œuvres.

D'étranges poèmes peuplés de souffrances, de meurtres et de toutes ces horreurs ordinaires dont l'être humain se délecte, surtout à l'heure du journal télévisé, lorsque le cerveau réfléchit avec l'estomac. Mais P'tit Pierre possédait l'étrange don de les exalter, de les chanter en les habillant de parures fantastiques et baroques. « Une poésie tout droit sortie du marécage fétide d'un cerveau pervers et malade », lui avait écrit un éditeur un jour.

Comment expliquer qu'il ne choisissait pas, que les mots venaient à lui et qu'il ne faisait que les coucher sur le papier. Il n'était qu'un instrument. Et ça lui plaisait.

Il sourit à cette dernière pensée.

Plus bas, à des années-lumière, la main devenait plus insistante et le visage face à lui attendait.

– Chéri…

– Oui ?

– On… on dirait que tu t'ennuies… Que tu n'es pas vraiment avec moi…

Il déplia ses deux bras immenses et, avec une extrême douceur, posa ses mains sur les joues parcheminées.

– Voyons, tu ne vas pas recommencer. Tu sais que j'adore traîner dans ces boîtes, ajouta-t-il en embrassant d'un geste large le décor (le spectacle ?) environnant.

Il ne mentait pas.

P'tit Pierre, le poète gigolo aimait par-dessus tout ces ambiances clandestines et décadentes. Le charme équivoque de ces établissements à la fois sélect et dépravés, ce mélange subtil d'amour payant et d'abandon programmé.

– Et moi ? Tu m'aimes ? minauda la vieille femme en prenant une expression enfantine, presque ridicule.

De nouveau P'tit Pierre darda son regard clair, un regard lourd, paradoxal, où se débattaient à armes égales la haine et la compassion. Il lança d'une moue dédaigneuse :

– Tu sais bien que tu me payes pour ça.

La femme se raidit, blessée. Le géant l'attira contre son torse d'un bras robuste. Il posa un doigt sur ses lèvres puis l'embrassa.

– Mais oui, je t'aime. Un peu.

C'était cette curieuse alchimie entre la puissance et la douceur, le dédain et la passion, qui avait fait le succès du géant au sein de l'agence. De toute façon, P'tit Pierre ne préméditait rien, il ne faisait que laisser parler sa nature, s'épanouir les paradoxes chevillés au creux de son âme.

Il se leva soudain et entraîna sa partenaire vers une minuscule piste de danse où se déhanchaient quelques couples « stromboscopés ». Dans la lueur épileptique, ils frôlèrent une communion saphique qui tenta de les entraîner dans leur corps à corps vertical. Madame M. échangea quelques baisers avec l'une des jeunes femmes, caressa sa poitrine dénudée, puis rejoignit le géant qui s'était engouffré dans une salle plus vaste, jusqu'alors cachée par les danseurs.

Il se dévêtit en un instant, se retourna vers la vieille femme qu'il saisit par les épaules. Il dévorait ses lèvres, son cou, ses épaules à pleine bouche et, sans quitter sa peau, passa derrière elle. Madame M. s'abandonnait déjà, enivrée par la virilité qui s'était logée au creux de ses reins. P'tit Pierre la poussait doucement devant lui tandis qu'un éphèbe luisant de sueur vint à leur rencontre, complétant le piège sensuel.

Madame M. sentit ses vêtements glisser, puis le contact des deux hommes. Elle gémit lorsqu'ils se rejoignirent au plus profond de sa chair.

C'est en fréquentant ces établissements de l'autre côté de la frontière que P'tit Pierre avait été contacté par l'agence : une simple carte de visite déposée sur sa table avec une coupe de champagne. Un logo doré, une adresse, et un nom qui avait aussitôt résonné avec son âme poétique : le Réseau divin.

Quelques jours plus tard, le géant blond s'encadrait dans le moniteur noir et blanc qui filtrait les entrées au sein des locaux luxueux du Réseau. Un vaste sofa de velours pourpre, quelques bibelots d'ivoire sur des étagères de santal dans un écrin de tentures labyrinthiques l'avaient accueilli.

Une secrétaire tachée de son – cheveux tirés vers l'arrière et lunettes d'écaille – l'avait prié de s'asseoir et de « bien vouloir attendre quelques instants, Madame va vous recevoir dans un moment, merci ».

P'tit Pierre s'était planté devant les statuettes, merveilles miniatures représentant les positions les plus raffinées du Kama Sutra. Un décor cliché où ne dépareillerait pas un certain fauteuil d'osier qui avait fait vibrer la France des seventies.

Il avait patienté près d'une heure avant d'être introduit dans un gigantesque bureau encombré de plantes vertes. Fausses, mais vertes tout de même.

Au centre de cette jungle artificielle, une femme sans âge, sobrement vêtue d'une robe de lin noir, le toisait. Sans un mot, il avait déposé le carton frappé d'or devant elle, puis s'était installé au creux d'un fauteuil débordant de coussins.

– Je viens pour l'annonce, lança-t-il, laconique.

Et il avait laissé son regard dériver vers l'immense verrière qui s'ouvrait en arrière-plan. Un silence interminable avait suivi tandis que la femme étudiait avec attention un tas de feuillets dactylographiés. Quelques photographies, aussi.

Au plafond, un ventilateur poussif tournait au ralenti, s'acharnant à brasser un air désespérément figé. P'tit Pierre se laissait bercer par le rythme régulier des pales tandis que son esprit avait soudain subi l'assaut effréné des *mots*.

Un flot ininterrompu de phrases, de verbes, de versets, submergeait son cerveau, comme des vagues sur une grève calme. De seconde en seconde, la marée grossissait, enflait, menaçant de lui faire perdre tout contact avec la réalité.

S'il avait été seul, il se serait rué sur son ordinateur, poussant fébrilement le bouton « on », attendant le ronronnement du disque dur avant que ses doigts ne martyrisent le clavier.

Mais il n'était pas seul et la dame en noir, de l'autre côté de son bureau Empire, aurait certainement du mal à comprendre s'il se levait et claquait la porte sans explications. D'autant plus qu'il commençait à aimer cette ambiance clandestine qui s'instaurait entre eux. Il ne savait pas vraiment ce qu'il devait en attendre, mais il avait l'intuition qu'il ne le regretterait pas. Il n'eut jamais à le regretter.

La femme avait abandonné ses dossiers. Elle avait levé la tête et passé une main manucurée dans sa longue chevelure. Ses traits sans âge avaient renoncé un instant à leur froideur empruntée, tandis que son regard cuivré s'était abandonné sur ce géant qui lui souriait. Puis elle s'était fermée à nouveau et avait brisé le silence.

P'tit Pierre avait été frappé par cette voix qui avait empli soudain la moindre parcelle du « bureau-jungle ». Une voix multiple, mêlant plusieurs timbres pour d'uniques phonèmes. « Une voix philharmonique », avait-il songé en dressant l'oreille.

Les *mots* avaient alors reflué et il avait pu apprécier cet envoûtant phénomène : chaque phrase bénéficiait d'une prononciation sans faille, soutenue par une musique sensuelle tandis que les accents toniques étaient assénés par quelques éclats rauques. L'ensemble évoquait de brefs riffs électriques plaqués sur une mélodie aérienne. Ange et démon parlant d'une même voix.

La dame en noir lui avait expliqué ce qu'était l'agence, sans détour ni faux-semblants, et surtout ce que l'on attendait de lui. Mais P'tit Pierre s'en était de nouveau allé, porté par les accents étranges de cette voix. Par son parfum mêlé de musc et d'ambre, aussi. Il n'avait d'ailleurs retenu de cette première confrontation que quelques sensations fugaces – l'essence de la dame en noir, l'effluve artificieuse du plastique en pot, l'érotisme factice du décor –, ainsi que la certitude de se faire bientôt un nouvel ami : son banquier.

Gigolo de luxe en gros, avait-il pensé, même si la dame en noir s'était acharnée à lui expliquer que l'agence était spécialisée dans « l'accompagnement galant ».

D'autres entrevues avaient suivi, les premières missions avaient garni son compte en banque et il menait une existence oisive partagée entre l'écriture et les corps à corps sensuels avec ces femmes dont les charmes seuls ne suffisaient plus à séduire. Aujourd'hui, il jouissait d'un confort appréciable, de quelques centaines de mètres carrés dans le quartier le plus chic de la ville et surtout, surtout, d'une chambre avec vue sur la pointe ocre du beffroi.

Et puis, il y avait eu Ambre. Une rousse flamboyante, encore. Pétillante de vie. Avec un il-ne-savait-quoi de tapi au fond de ses yeux verts.

Ambre et ses toiles hallucinées, Ambre et sa « famille » composite glanée au gré de rencontres impromptues, de ces rendez-vous que l'on confie au hasard. Mais P'tit Pierre savait bien que le hasard était mort depuis longtemps.

« L'argent de la chair » – le pain de fesses, disait-on il y a quelques décennies – accumulé par P'tit Pierre et qui couvrait ses besoins plus que de raison trouva enfin son véritable intérêt. Comme par magie, il se transformait en couteaux, pinceaux et couleurs primaires pour se retrouver étalé en scènes surréalistes aussi troublantes que ses propres écrits.

Leur amitié – il ne pourrait jamais s'agir d'autre chose – s'était cristallisée un jour, quelque part. Il ne se rappelait pas où ni comment, et peu lui importait d'ailleurs.

Tout ce qu'il savait, c'était qu'Ambre lui avait donné une nouvelle identité, ce surnom qu'il s'était surpris à aimer plus que son propre nom.

Tout ce qu'il savait, c'était que depuis Ambre, il existait de nouveau, cessant de se laisser dériver au gré de ses instincts improvisés.

Il y avait même une famille : Zabo qui portait ses préférences sexuelles comme une bannière, Jason l'artiste de l'éphémère et ses œuvres pyromanes, et le petit dernier, Ange, l'apprenti charognard des âmes et des corps. Un cœur pur, naïf, que l'on pouvait lire à ciel ouvert. Amoureux d'Ambre, nul doute. Mais P'tit Pierre se gardait bien de remplacer le hasard, il laissait faire le destin.

Ce surnom lui était tombé dessus, comme ça, un jour. Sans raison apparente, sans justification, sans même qu'Ambre ne se donne la peine de le prévenir. Et pourtant ce surnom avait fini par le séduire, par s'imposer peu à peu et finir par gommer Axel, ce prénom resté sur une rive polluée du Rhin. P'tit Pierre – drôle de surnom pour un géant blond à forte tendance germanique – lui collait à la peau maintenant.

Allez savoir pourquoi.

Chapitre 23

« L'avantage quand ça fait mal, c'est que l'on sait que l'on n'est pas encore mort… »

Sagesse douteuse

P'tit Pierre se révéla d'une efficacité au-delà de mes espérances.

Non seulement, il comprit ce que j'avais en tête mais en plus, il me fournit une infrastructure à laquelle je n'aurais osé rêver.

Nous nous retrouvâmes donc, le soir dit (P'tit Pierre savait de source sûre que Monsieur X s'offrirait une petite virée dans un club échangiste à la clientèle hautement recommandée) dans mon minuscule T2 de la rue Esquermoise. À peine eus-je le temps de lui offrir un vague endroit où poser son envergure démesurée, que ma sonnette émit un petit cri cacochyme.

Je jetai un coup d'œil interrogateur au géant blond qui me répondit d'un bref signe de tête. Je me précipitai donc pour ouvrir la porte.

En fait d'invité, ils étaient deux.

Enfin, quand je dis « ils », je devrais plutôt dire elles. J'avais en face de moi deux créatures tout droit sorties de mes fantasmes les plus déviants.

Deux jumelles. L'une carré noir, sans maquillage, jean et T-shirt sous un blouson de cuir. L'autre décolorée, arborant un ensemble rouge griffé Marithé et François Girbaut. P'tit Pierre avait bien promis un renfort mais j'avoue que je ne m'attendais guère à ce couple de walkyries.

Tandis que j'affichais ma meilleure imitation du poisson béat, elles entrèrent dans l'appartement en me gratifiant d'un « Il est si chou » qui résonna quelque part près de mes testicules.

P'tit Pierre se déploya et elles l'embrassèrent en se lovant contre lui.

Dire que je m'étais imaginé un couple de truands balafrés dissimulant un regard torve sous des feutres mous !

Quelques planteurs plus tard, P'tit Pierre nous avait exposé son plan : il attendrait sagement avec Lena – l'ensemble rouge – à l'intérieur de la boîte que notre Monsieur X daigne arriver, et ils s'arrangeraient pour le retenir quelques heures.

Il faut dire que Lena « pratiquait » de temps à autre Monsieur X et connaissait parfaitement les arguments nécessaires à une longue retenue.

Pendant ce temps, Lou – l'autre jumelle – et moi attendrions sagement le coup de téléphone de nos complices pour nous introduire en douceur dans la maison de Monsieur X à la recherche d'indices et de preuves.

Simple. Efficace. Imparable, vous dis-je !

La première partie de notre plan se déroula sans aucun accroc : Monsieur X se rendit au B.A. BA – un joli nom quand on songeait aux activités qui s'y déroulaient. Lena jeta rapidement son dévolu sur lui comme prévu. Et elle l'entraîna dans l'un des salons privés où il se mit à mater les ébats de mon ami et de sa charmante partenaire, comme prévu.

Pendant ce temps, nous pénétrâmes sans aucun problème dans la demeure du suspect. Lou avait des dons que sa nature généreuse ne permettait pas de soupçonner : la serrure codée n'eut pas le temps d'émettre le moindre début de quoi que ce soit, que la porte s'ouvrit dans un chuintement discret.

L'alarme ultra perfectionnée offrit la même résistance. Puis nous nous séparâmes pour la fouille.

Lou semblait parfaitement à l'aise tandis que, pour ma part, une petite voix intérieure me hurlait de prendre mes jambes à mon cou. Elle s'élança vers ce qui devait être la cave et m'intima l'ordre de m'occuper du rez-de-chaussée.

J'aurais dû écouter ma petite voix...

Car ce que nous n'avions pas prévu, c'était que l'un des gardes du corps de Monsieur X profitait du départ de son employeur pour offrir à ses conquêtes le confort d'un hôtel particulier du vieux Lille. Et lorsque je me retrouvai nez à nez, enfin disons plus exactement nez à sein avec une charmante jeune femme dans la cuisine, je compris que les ennuis ne faisaient que commencer...

Tout se passa avec une rapidité effarante : un hurlement suraigu (celui de la jeune femme quelque peu dénudée mais pas assez séquestrée à mon goût), un autre hurlement plus grave (le mien), puis une série de cavalcades et quelques coups de feu.

En moins de trente secondes, j'étais entraîné au dehors par la main nerveuse de Lou qui me propulsa sans ménagement sur le cuir de sa Mini Cooper flambant neuve.

Elle lança le moteur et la voiture décolla (enfin, me semble-t-il) en abandonnant quelques kilogrammes de gomme sur l'asphalte...

Effraction de domicile, tentative de cambriolage, et j'en passe…

Monsieur X étant équipé du matériel dernier cri en matière de vidéo surveillance, il n'avait pas été très difficile à la police d'identifier ma complice, Lou, fichée de longue date pour des faits similaires.

Quant à moi, je recevais dès le lendemain un coup de fil qui resterait à jamais gravé dans ma mémoire. Le commissaire principal m'avait formellement reconnu sur la vidéo et, après avoir manqué de s'étrangler avec son éternel jambon beurre, il s'était précipité sur le téléphone pour me demander des explications. Il est vrai que j'avais passé près de trois mois au sein de sa brigade dans le cadre de mes études de légiste…

Bref, je m'imaginais déjà en garde à vue avant l'inévitable transfert pour la maison d'arrêt de Loos.

Simple. Efficace. Imparable.

Chapitre 24

> Allez directement en prison,
> Ne passez pas par la case départ,
> Ne touchez pas vingt mille.

Vanacleef avait tout arrangé.

Comment ?

Je préférais ne pas le savoir vraiment. Il avait fallu de sacrés appuis, ainsi que quelques enveloppes bien garnies, je suppose.

Mais mon imagination est souvent bien en deçà de la réalité.

Le pire c'était le regard qu'il m'avait lancé lorsqu'il m'avait convoqué dans son bureau pour m'expliquer qu'il n'y aurait pas de poursuites.

Pas un mot de plus. Pas un commentaire. Rien qui ne pouvait me permettre de m'amender. Pas le moindre espace pour des excuses.

Rien d'autre qu'un bon gros silence, du genre psychanalytique, de ce genre qui vous laisse bien seul face à vos propres démons. Ce genre de regard qu'un père lance à un fils qui l'a déçu.

D'ailleurs, maintenant que j'y songeais, je réalisais que c'était exactement cela. Vanacleef représentait *La* figure paternelle pour moi.

Voilà pourquoi je n'avais pu me résoudre à le quitter à la fin de mon cursus. Voilà pourquoi non seulement je m'immergeais dans la folie ordinaire au quotidien, mais qu'en plus je disséquais mes contemporains avec obstination : pour voir un jour naître dans la pupille du vieux Vanacleef une once d'admiration.

Whaou ! J'avais beau jeu de bassiner mes patients avec l'intérêt de ne pas rechercher la reconnaissance d'autrui, voilà que j'étais tombé dans le panneau.

Ce jour devait donc être marqué d'une tonne de pierres blanches : primo, j'avais découvert que je n'étais pas le super héros de mes rêves ; secundo, j'avais accepté l'humiliation du docteur H. pour des prunes ; tertio, je venais de me rendre compte que j'étais comme les autres.

Névrosé. Ni plus, ni moins.

Abasourdi par cette avalanche de révélations, je décidais de noyer le tout dans une bouteille de vieux rhum, avachi sur mon canapé Ikea.

Ce n'est qu'arrivé au deux tiers de la bouteille que je décidais de m'en foutre royalement. J'y rajoutais une poignée d'herbe pour me réfugier dans une inconscience de bon aloi.

Le réveil fut autrement douloureux.

D'abord il y avait cette satanée migraine qui me vrillait le crâne. Puis ces fichus robinets qui s'acharnaient à me lacérer le dos. Un réveil dans sa propre baignoire, ça surprend toujours.

Dans un effort titanesque, je me relevais et ouvris en grand l'eau froide avec l'espoir que ce liquide absolve mes péchés et dissolve ce qui pouvait l'être.

Décidément, je n'étais pas fait pour l'action !

Chapitre 25

« L'imagination tue la raison. »

Professeur « terreur des Carpates » Vanacleef

Jason ! Voilà bien la dernière personne que je m'attendais à croiser dans les couloirs de la fac de médecine…

L'échange fut bref, la limite des convenances à peine franchie : salutations (un peu plus chaleureuses que la moyenne tout de même), politesses (« Ça va ? Oui, et toi ? »), motifs de présence.

J'appris ainsi que Jason allait bien, *a priori*, et qu'il était chargé d'enseigner les techniques rudimentaires du dessin aux étudiants en anatomie : quelques heures par-ci, par-là, à croquer l'architecture intime des cadavres disséqués dans un but didactique.

Une activité qui lui permettait d'arrondir ses fins de mois et de combler sa solitude si besoin était : il n'était pas rare d'ailleurs, souligna-t-il, qu'il fasse « des cours de rattrapage » pour jeunes filles studieuses, quelquefois même dans l'atmosphère lourde de formol des vestiaires de l'amphi de dissection.

La séparation fut tout aussi prosaïque et, après avoir réglé un détail administratif auprès du secrétariat, je quittai la vénérable institution, reléguant notre rencontre dans les limbes de mon inconscient : j'avais hâte de retrouver Bob et son jumeau dépareillé. Et puis, ça me permettait toujours d'éviter Vanacleef…

– On tient *peut-être* quelque chose, toubib ! annoncèrent-ils à l'unisson.

Ils m'attendaient, confortablement étalés dans les fauteuils de rotin de la serre tropicale. Un large sourire éclairant leurs visages, ils me prièrent de m'asseoir tandis qu'apparaissait devant moi, comme par magie, un verre d'excellent whisky.

Décidément, la journée s'annonçait bien…

Frère Tuck se leva brusquement, prenant la parole entre deux gargantuesques gorgées de bière :

– En guise de préambule, mon *cher* Ange, je vous prierais, s'il sied à votre scientifique esprit d'oublier quelques instants votre scepticisme rigoureux, afin de mieux recevoir ma bonne parole…

Aïe ! Moi qui pensais avoir trouvé avec Bob un as du discours péremptoire, je découvrais avec horreur que le moine était non seulement champion en la matière, mais qu'il était probablement le champion du monde !

Je décidai néanmoins prudemment (lâchement ?) de ne pas le contrer et de me concentrer sur ce qu'il disait.

– Oui, je vous demande instamment de laisser vos connaissances livresques au vestiaire pour analyser les enseignements de la courte légende que je vais vous conter. Car, pour paraphraser ce bon vieil Hugo, si la Raison représente l'Intelligence en exercice, l'Imagination, elle, représente l'Intelligence en Érection !

Enfin ! J'avais enfin découvert l'homme qui pouvait affronter Vanacleef sur son propre terrain : le choc des

Titans, voilà ce que serait leur rencontre. C'était décidé, dès que possible, j'organiserais le combat du siècle : Lagavulin-frère Tuck.

– Or donc, il est, en ce bas monde, une terre de mythes verdoyante autant que mystique : Irlande est son nom. En ce territoire celtique, une certaine Boand ou Brigit est la divinité féminine unique d'un panthéon païen surpeuplé. Entre autres frasques, on lui attribue une relation incestueuse dont elle conçut culpabilité et regret. Ainsi, afin de purifier son âme, elle se rendit auprès d'une source magique dont l'eau est si pure qu'elle brûle comme le feu. L'accès fut interdit à la divinité par son propriétaire pour une raison inconnue. Boand, irritée et piquée au vif, entreprit par défi de faire le tour de cette source dans le sens contraire de la marche du soleil. Bravade saugrenue, j'en conviens, mais je ne suis nullement responsable de cet épisode dont l'origine véridique remonte aux confins de l'Histoire.

Frère Tuck rayonnait, amusé par son propre récit pour le moins nébuleux et surtout par la curiosité qu'il pouvait lire sur mon visage. Il lampa un nouveau volume de houblon macéré et reprit :

– Ainsi, Brigit était en train de faire son petit tour lorsque, et c'est là que le récit nous intéresse, l'eau jaillit soudain de la source, lui infligeant d'atroces mutilations, lui ôtant, selon les versions, un ou les deux yeux, les bras et les jambes…

Effectivement, on tenait *peut-être* quelque chose.

La suite des hypothèses échafaudées par le duo truculent me fut exposée en termes plus clairs : ainsi, ils pensaient que les sévices constatés sur les victimes correspondaient à un rituel druidique de purification de l'assassin.

Éléments que je traduisais immédiatement en indices plus pragmatiques : le meurtrier présumé semblait présenter un état psychotique délirant chronique et appartenir, de près ou de loin, à la communauté irlandaise de la région.

Voilà qui réduisait considérablement le champ des investigations !

Survolté, je n'eus pas la patience de vider mon verre en leur compagnie, bien décidé à apporter ce nouvel élément à l'autre duo : Aziz-Lagavulin. Mais, tandis que je quittais le « jardin d'Eden » de Bob, quelque chose en moi me poussait à la prudence, un relent de sagesse vanacleeféenne probablement…

À moins que ce ne soit le souvenir douloureux de la rencontre avec les sbires de Monsieur X.

– Nous tenons *peut-être* quelque chose, Ange !

Tiens, il me semblait bien avoir déjà entendu cela quelque part…

En effet, si la quasi-totalité des constatations autopsiques s'avéraient rigoureusement identiques à celles faites sur le premier cadavre, l'analyse poussée du contenu stomacal avait révélé un nouvel élément.

Comme dans le cas précédent, l'estomac était rempli de résidus organiques divers provenant à la fois de la victime elle-même et d'animaux non identifiés jusqu'à présent.

Cette fois cependant, Vanacleef avait découvert une patte en assez bon état qu'il avait soumise immédiatement au docte examen d'un confrère vétérinaire : il s'agissait d'un membre de salamandre !

Parallèlement, Aziz s'était procuré par une voie mystérieuse une version intégrale et originale des textes d'Ibn Washiya : les proportions étaient exactes, conformes aux rituels décrits dans l'ouvrage, la salamandre étant un ingrédient indispensable pour « provoquer le feu intérieur qui achèverait de consumer l'âme de la victime ».

Ils me regardaient, satisfaits de leurs trouvailles, comme si ces découvertes allaient mener directement à l'assassin.

Ils n'eurent, en retour, qu'un piètre sourire dubitatif, unique expression que mon visage accepta de leur livrer.

Nous nous retrouvâmes, une fois de plus, sous la protection des « lwas » enfermées dans le bureau de Vanacleef.

Ils écoutèrent patiemment les éléments que j'avais glanés chez Bob et je vis (avec soulagement ?) qu'ils semblaient aussi déconcertés que moi : trop d'éléments, trop d'indices sans rapports apparents s'entrechoquaient soudain sans véritablement nous donner l'ombre d'une piste.

Et si nous livrions telles quelles nos conclusions aux services de police, nous serions instantanément la risée de la profession.

Bref, il fallait tout reprendre, tout poser calmement, puis analyser objectivement les différents aspects de l'affaire afin de dégager quelque chose de solide de cette confusion ésotérique.

Aziz s'éclipsa tandis que Lagavulin s'installait derrière son bureau. Tendu, j'attendais l'allusion assassine, le regard réprobateur.

Rien. Il fit comme s'il ne s'était rien passé. Je décidai que c'était sans doute ce qu'il y avait de mieux à faire. L'inconscient est parfois une véritable merveille quand il s'agit d'éviter les décompensations…

Quelques instants plus tard, une poignée de menthe fraîche s'étiolait dans l'eau bouillante, une poupée vaudou s'installait dans une poigne ferme, et moi, je reprenais mes notes.

« Affaires n° 1-01-06-04 et 1-14-06-04
Notes complémentaires

Synthèse des faits :

– Deux jeunes femmes, sans liens apparents, mais appartenant au même groupe socioculturel et fréquentant le

même établissement de troisième cycle, ont été assassinées à quelques jours de distance au cœur de la métropole lilloise.

– Les deux meurtres ont été commis selon des procédures complexes, élaborées et quasi-identiques.

– Par ailleurs, les crimes ont été perpétrés dans un (des) endroit(s) inconnu(s) distinct(s) des lieux de découverte des corps (tous deux enveloppés dans un sac plastique, le premier retrouvé dans le passage des Trois-Anguilles, le second au pied des fortifications de la citadelle).

– Dans les deux cas, la mort semble être consécutive aux sévices subis dans un état d'incapacité physique provoqué par ingestion d'un poison végétal paralysant savamment dosé.

– Enfin, les circonstances semblent revêtir une connotation rituelle.

– Ainsi, les deux assassinats semblent avoir été commis par le même meurtrier obéissant à des motivations parfaitement superposables.

Déductions directes :

– On peut penser, avec toute la réserve que supposent de telles présomptions, qu'il s'agit de l'ébauche d'une série de meurtres s'intégrant dans un raisonnement criminel parfaitement réglé et propre à la personnalité du coupable.

– Ainsi, en se référant à des affaires similaires (par la répétition d'actes sanglants analogues), on peut légitimement s'attendre à d'autres découvertes macabres avec des caractéristiques semblables.

– Par ailleurs, sachant que dans ce type d'affaire, le meurtrier cherche plus ou moins consciemment une publicité teintée de culpabilité, et qu'il obéit à une procédure immuable intégrée dans une démarche rigoureuse, l'analyse des actes en eux-mêmes devrait permettre d'en comprendre la logique interne et de fournir en retour des indices exploitables. C'est pourquoi l'observation et l'étude

des mutilations retrouvées sur les victimes apparaissent indispensables.

Hypothèses de recherche selon l'examen des lésions (pour description détaillée, cf. *rapports d'autopsie) :*

– Étant donné le soin et la complexité apportés aux actes, on peut admettre (sans toutefois exclure une volonté habile de désorienter d'éventuels enquêteurs) que ceux-ci s'intègrent dans un rituel de nature sensiblement ésotérique destiné à faire commerce avec les Forces du Mal.

– Ceci suppose l'adhésion étroite du meurtrier à des thèses mystiques et donc à des milieux où il conviendrait d'enquêter : groupes extrémistes à caractère sectaire, commerces axés autour de la magie…

– Par ailleurs, divers éléments et parallèles établis semblent fournir, à ce jour, deux orientations privilégiées (complémentaires ?) : meurtres d'inspiration sataniques assimilables à des actes de sorcellerie moyenâgeuse d'une part ; crimes symboliques calqués sur des légendes druidiques irlandaises d'autre part ;

– Ainsi, dans le premier cas, on s'orienterait vers une personnalité délirante chronique, tandis que dans le second, on ne peut exclure un acte plus pervers, plus gratuit fortement connoté de culture celtique.

Conclusion :

Quelle que soit l'orientation choisie, il semble urgent de découvrir la logique interne, la clef de ces abominations afin de mettre à jour une piste clairement exploitable.

L'ensemble des remarques et déductions exprimées dans les rapports précédents restent, pour l'instant, tout à fait valable. »

Chacun d'entre nous était absorbé par la contemplation des débris de menthe et de thé au fond de nos verres vides, comme trois apprentis médiums en train de consulter un ersatz de marc de café à la recherche du meurtrier.

Car, il fallait bien l'admettre, ce dernier rapport sonnait lugubrement creux et nous nous séparâmes dans une ambiance de sépulture.

J'écoutais l'écho de mes pas dans les couloirs défraîchis de l'Institut en m'efforçant de ne plus penser qu'à la joie de revoir Ambre.

Mais, tandis que je roulais vers le CHRU, mon cerveau persistait à broyer le noir épais de ces affaires.

Et soudain, par une fantaisie sinistre de mon imagination, une vision s'imposa dans mon esprit : Jason, Jason en train de courtiser une aguichante étudiante au beau milieu de la salle de dissection de la fac… Une pièce nichée au dernier étage, à l'écart de l'agitation, contenant le trousseau complet du *parfait petit découpeur de cadavre* !

Stupide ! Parfaitement stupide !

Décidément Vanacleef était dans le vrai, *l'imagination tue la raison !*

Chapitre 26

Quelle différence existe-t-il entre un artiste et un fou ?
Demandez au fou, l'artiste répondra.
Et réciproquement…

La peinture se soulevait en pustules colorées puis éclatait en petites particules multicolores. Le papier, en dessous, jaunissait, se gondolait, puis se détachait en lambeaux incandescents avant de s'effondrer en poussière grise.

C'est alors qu'apparaissait le squelette d'acier : un écheveau complexe de fils patiemment entremêlés. Les flammes s'attardaient longuement sur ce réseau, léchant le métal de sa langue destructrice.

Mais le combustible poisseux, dosé avec science, permettait au feu de poursuivre son œuvre le temps nécessaire. Et le métal commençait à rougir, à se tordre puis, enfin, à fondre, à se recroqueviller comme un insecte tombé dans le foyer d'une cheminée.

En quelques dizaines de minutes à peine, la sculpture de métal et de papier ne fut plus qu'un souvenir, un tas informe de matériaux inutiles noyé dans la fumée et l'air surchauffé.

Quelques maigres applaudissements ponctuèrent l'ultime râle de la création combustible, puis les spectateurs se dirigèrent vers le banquet. Petits fours, champagne et promesses de chèques. De plus en plus rares, les promesses de chèques.

Les chèques aussi, d'ailleurs.

Jason n'était plus à la mode. Jason, le créateur de l'art incendiaire, était devenu aussi éphémère que ses propres créations.

Son agent – blonde décolorée, la quarantaine, tailleurs de marque et sexualité désertique – le lui répétait depuis quelques mois déjà.

Mais Jason, celui-là même qui avait fait la fortune de celle-ci, refusait de se recycler.

– Tu comprends, je ne peux créer que si je sais qu'elles vont brûler. C'est leur âme, leur raison d'être.

– Et bien, dis-toi qu'elles seront incendiées, puis confie-les-moi avant de le faire.

– Impossible ! Lorsque je les construis, chaque matériau, chaque agencement est pensé, prévu pour brûler de telle ou telle façon…

Jason était un artiste. Un vrai. De ceux qui créent avec leurs tripes, qui ne savent pas vraiment comment ils ont réalisé leurs œuvres. De ceux qui pensent qu'ils ne sont que des instruments possédés par une force qui ne leur appartient pas vraiment. Une force qui se fout totalement des modes et des contingences matérielles.

La seule chose que Jason maîtrisait, c'était le choix de ses modèles : de jeunes étudiantes, jolies et surtout disponibles. Car Jason ne pouvait créer qu'après les avoir possédées physiquement. Comme s'il avait besoin de s'imprégner de leur essence, de leurs cris, de leurs corps. Ensuite, il s'enfermait de longs jours dans son atelier, en proie à une transse créatrice qui le laissait pantelant, épuisé, vidé pendant quelques semaines.

Puis le cycle reprenait : une silhouette croisée dans les couloirs de la faculté de médecine où il venait donner des cours de dessin, un échange de regards et enfin, l'étreinte brutale sur l'inox glacé d'une table de dissection. Un véritable rituel qui échappait à toute logique. Mais c'était le tribut à payer pour pouvoir créer.

Jason le savait et il aimait cela.

Chapitre 27

> « Comme la salamandre brave le feu sans douleur ni lamentation, l'âme du Juste reste sereine au cœur de la tourmente et des persécutions... Ainsi, les flammes du bûcher n'atteignent-elles que l'Infidèle ou la sorcière. »
>
> Extrait du *Châtiment des démons*, anonyme, XIVe siècle

– Elle est partie... Vous savez, avec le vieil aveu... homme.

La Dame aux Varices me fixait d'un air de conspirateur et je lui renvoyai le vide de son regard avec une telle application qu'elle s'empressa d'ajouter :

– Je leur ai pourtant bien dit que ce n'était pas une bonne idée mais, vous comprenez, ils m'ont fait promettre... J'ai même dû mentir aux infirmières... Évidemment, ils auraient dû vous prévenir... Enfin, ils doivent être arrivés à présent... Vous croyez qu'il faut que j'en parle au docteur, franchement ?

Elle semblait tirer un plaisir inouï de la situation, fortement amusée de ma visible déconvenue. J'étais incapable de poursuivre le dialogue, obsédé par l'écho lugubre des trois mots qui m'avaient accueilli : « Elle est partie ».

J'allais claquer la porte lorsque je me repris soudain, ne résistant pas à lancer sournoisement :

– J'espère que votre opération se déroulera bien… On ne sait jamais ce qui peut arriver, n'est-ce pas ?

Je ne sais pas pourquoi, mais cette petite vengeance mesquine me fit un bien fou.

Disparu, ils avaient disparu !

J'étais passé chez Casanova, personne ; à la galerie, personne ; à la Vieille Bourse, Bob n'avait vu personne !

Je me sentis trahi, profondément blessé par cette fugue dont on m'avait exclu et je rentrai chez moi avec la ferme intention de boire jusqu'aux frontières nauséeuses du coma éthylique. J'abandonnai rageusement mon véhicule à moitié garé sur le trottoir et m'apprêtai à m'engouffrer dans mon arrière-cour lorsqu'une voix m'intercepta :

– Monsieur ! Monsieur François, s'il vous plaît !

Je me retournai à peine, bien décidé à ignorer tout signe du destin, quelles que soient ses intentions, et découvris la silhouette vaguement familière d'une vieille bonne endimanchée.

– Oui ?

– C'est Monsieur qui m'envoie vous chercher. Mademoiselle Ambre et lui-même vous attendent à la Demeure, ce sont ses propres mots, Monsieur.

Elle m'ouvrit la lourde portière d'une antiquité roulante où je m'engouffrai sans rien comprendre.

Le cuir fatigué de la banquette arrière sentait le tabac parfumé et les fragrances subtiles dont se paraient Casanova. Je m'installai confortablement, m'abandonnant au roulis monotone du véhicule. Par la fenêtre, je voyais défiler la campagne flamande, où la lumière déclinante dessinait à présent une foule d'ombres squelettiques.

Je sombrai peu à peu dans une torpeur chaleureuse et laissai ma tête reposer sur la vitre. Un effluve cuivré, soudain libéré par ma propre chaleur, vint éveiller en moi un souvenir charnel : Ambre, nue, cernée de ses œuvres picturales, quelques jours plus tôt. Satisfait de cette réminiscence brutale, je m'endormis pour y plonger tout à fait…

Dévoré de lierre, l'étrange manoir apparut soudain au détour d'un ultime virage : une architecture anarchique toute en dénivellations, en proéminences réunies sous l'abri d'une toiture incroyablement alambiquée. Et pourtant, l'ensemble gardait une curieuse cohésion, œuvre d'un même bâtisseur aux personnalités multiples. La voiture s'arrêta devant les rambardes ouvragées du perron et je perçus le cri de surprise d'un rongeur capturé par quelque prédateur nocturne.

Je levai les yeux sur la façade menaçante de la demeure qui me dominait : balcons aveugles, gouttières en forme de gargouilles, bas-reliefs émoussés semblaient me toiser d'une morgue ancestrale. Hypnotisé, j'hésitai encore un instant avant de gravir les marches de pierre, puis je me rappelai que derrière les lourds battants de la porte, Ambre m'attendait. Je me repris alors, m'efforçant de trouver des raisons à mon attitude ridicule : les cadavres (non), le cauchemar (peut-être), la fatigue (sans doute).

Et puis, je n'allais tout de même pas rester dehors toute la nuit, dans cette obscurité opaque qui semblait vouloir ressusciter mes démons les plus secrets…

Chapitre 23

« J'ai plus de souvenirs que si j'avais mille ans… »

C. Baudelaire

Tout d'abord, je n'avais pas vraiment fait attention à ces petits blocs translucides qui encombraient chaque parcelle horizontale de la pièce : le clair-obscur chichement dispensé par les braises d'un foyer à l'agonie, noyait mes perceptions optiques dans un brouillard myope.

Je m'étais contenté d'obéir aux injonctions muettes de celle qui m'avait conduit en ces lieux déroutants : pénétrer dans cette minuscule antichambre, m'installer sur le premier siège venu (j'avais choisi un rocking-chair massif) et attendre…

Puis mon regard s'était accoutumé à la faible lueur, s'accrochant aux reliefs courbes des fauteuils, aux dénivellations des briques murales, aux lignes abruptes des étagères, s'interrogeant sur la nature de ces curieux bibelots anguleux et transparents, s'efforçant de percer le mystère de leur contenu entraperçu. Inexplicablement, ces tentatives me mettaient soudain mal à l'aise et je revins, un instant, sur l'éclat crépusculaire émanant de la cheminée, à l'autre extrémité de la salle. Mais ma curiosité l'emporta sur la prudence, et je me levai pour en finir tout à fait avec ces énigmatiques objets. En deux enjambées, quelques dixièmes de secondes à peine, je sentis une vague de répulsion m'envahir avant même d'avoir pu identifier quoi que ce soit…

À présent, je détaillais, mi-écœuré, mi-fasciné, ces volumes de résine polymère soigneusement coulés autour des dépouilles de petits animaux et d'insectes venimeux : l'inclusion, l'un des aspects les plus populaires de la taxidermie, un peu d'éternité sous une chape de plastique.

Peu à peu, j'oubliais toute réticence, m'arrêtant sur chaque pièce, chaque création. Car il ne s'agissait pas de simples enveloppes soigneusement vidées, séchées puis noyées dans le matériau solidifié ; non, ce que je détaillais à présent était une incroyable collection d'êtres chimériques artificiellement composés avant leur traitement : rongeurs à tête d'oiseau, serpents affublés d'appendices chitineux, insectes à corps de batracien… Autant de monstruosités assemblées avec une précision obsessionnelle !

– Un travail remarquable, n'est-ce pas, cher Ange ?… Très tôt déjà, l'élève avait surpassé le maître…

Dès les premières intonations, je sursautai, laissant tomber l'un des chefs-d'œuvre de minutie que j'étais en train d'examiner. Je restai là, pétrifié, suivant la brève chute de l'objet, son bruit mat sur le plancher et la fissure qui le sectionna en deux, libérant son repoussant contenu : une mygale énorme sur laquelle était greffée la queue redoutable d'un scorpion.

– Je vous ai fait peur ? Veuillez m'en excuser… Ne vous inquiétez pas pour ce petit incident, je le réparerai. Mais n'en parlez surtout pas à Ambre, elle n'aime pas que l'on touche à ses compositions en son absence…

J'étais parfaitement incapable de la moindre initiative tant psychique que motrice : j'avais bien identifié la voix grave de Casanova, enregistré chacune de ses paroles, mais mon corps s'obstinait à refléter au grand jour la stupéfaction qui engluait mes neurones. J'avais l'impression d'avoir été propulsé dans un univers parallèle dont les règles m'échappaient.

Le contact ferme des mains du vieil aveugle eut raison de mon inertie et je me laissai guider vers le canapé avachi qui gisait devant la cheminée. Je m'assis, parfaitement passif, tandis que Casanova prenait place dans le rocking-chair. Je le contemplai un instant, superbe dans son habit de velours noir. Je suivis les arabesques de fils argentés qui en rehaussaient col, manches et boutonnières, s'accordant à la perfection avec ses longs cheveux blancs. Il semblait immergé dans une intense réflexion, ses yeux laiteux brillant comme deux billes de porcelaine. Soudain, il prit une inspiration, puis je perçus le craquement qui rythmait le balancement de son siège. Enfin, il rompit le silence d'un geste large :

– Tout ceci doit vous effrayer, je pense… Et pourtant, cette demeure est d'une rare beauté, vous verrez, demain, tout à l'heure, sous la lumière du soleil… J'y ai passé la plupart de mon existence et je peux vous assurer que ne dorment ici que d'avouables souvenirs… Ambre avait peur aussi, au début, mais ce n'était qu'une enfant… Puis elle a appris, elle a apprivoisé la maison avant d'en faire son territoire exclusif… Je m'en rappelle comme si…

Il sourit tout à coup, et j'eus la vision furtive d'un de ces souverains mystérieux qui peuplaient les contes de mon enfance. Étrangement, j'oubliai toute crainte et je sentis peu à peu la magie des lieux me pénétrer.

– Mais je ne voudrais pas vous importuner avec les divagations sentimentales d'un vieil homme. Il est tard je pense, et je vous dois des explications… Avant tout, servez-nous quelque chose, voulez-vous : il y a dans ce bar, derrière vous, quelques liqueurs qui s'accorderont parfaitement à ces confidences nocturnes… Peut-être même de l'absinthe…

J'abandonnai ma confortable position pour ouvrir les portes du petit meuble : à l'intérieur, je découvris une impressionnante collection d'alcools rares reposant dans le verre travaillé de bouteilles aux étiquettes manuscrites.

– Il y a un coffret d'acajou sur le côté, avec une inscription : « Aux Muses endormies », je crois… Ouvrez-le, il contient tout le nécessaire…

Le couvercle s'ouvrit d'un claquement sec : couchée sur un plateau métallique, un flacon d'absinthe côtoyait un sucrier argenté. Le rituel des poètes pouvait commencer. D'abord l'alcool, puis la cuillère en équilibre, le sucre sur la cuillère et l'eau pour finir : quatre éléments réunis en une alchimie douce-amère. Je sirotais prudemment le détonnant breuvage tandis que Casanova reprenait son monologue :

– Je… Je ne sais par où commencer, je n'ai jamais été très doué pour les confidences… Et puis je vous connais à peine… Je veux dire depuis peu… Mais Ambre ne jure que par vous, et les années commencent à peser sur mon squelette fatigué… Enfin, pour être plus direct, Ambre me préoccupe et j'ignore ce que je dois faire… Il ne s'agit pas de son état de santé actuel, non, *nous* avons déjà connu des crises plus graves. Et puis, maintenant qu'elle est sortie de cet horrible hôpital, selon sa propre volonté, je suis sûr qu'elle va rapidement se rétablir… Non, ce qui m'inquiète, ce sont des changements plus subtils dans son comportement, son caractère : savez-vous qu'elle n'a pas touché un pinceau depuis plus d'un mois, elle qui ne pouvait se passer de sa peinture ne serait-ce qu'une heure !…

Elle est devenue plus taciturne, plus triste, trouvant un salut inhabituel dans je ne sais quel paradis artificiel…

Je m'efforçais de me concentrer sur les paroles solennelles du vieil homme, d'oublier la tristesse que je lisais sur son visage qui semblait s'effondrer peu à peu comme un château de sable grignoté par la marée montante.

– Rassurez-vous, vous n'êtes pas en cause, au contraire, le phénomène avait débuté avant notre rencontre à la Vieille Bourse… Des petits riens, des oublis, des actes manqués, tout d'abord. Puis un détachement plus net, son abandon de la peinture… Les toiles que vous avez vues à l'exposition datent déjà de quelques mois… Et puis tous ces détails que j'ai notés… Vous comprenez, Ambre, je la connais par cœur, je l'ai élevée dans cette étrange maison au décès de ses parents. C'est moi qui l'ai initiée à la taxidermie et toutes ces inclusions datent de cette époque, des œuvres remarquables alors qu'elle n'était qu'adolescente. Mais elle n'a jamais supporté de consacrer son talent à des êtres morts, c'est pourquoi elle s'est dirigée vers l'art pictural… Bien sûr, elle nie tous ces changements, attribuant mes impressions à quelque angoisse de vieil homme… Peut-être a-t-elle raison, après tout ?….

Il vida son verre, sortit sa pipe et la bourra de tabac fruité. Puis il craqua une allumette, aspira et la pièce s'emplit d'une brume bleutée.

– Que vous dire de plus ?…. Restez… Je n'y arriverai pas seul… Non, oubliez ces dernières paroles, vous devez rester libre de choisir… Mais je suis persuadé que vous seul êtes capable de découvrir ce qui la préoccupe… Je vous prie de m'excuser à présent, je suis fatigué et je vais prendre congé… Marie, votre chauffeur, est à votre entière disposition : elle a préparé une chambre à votre intention, mais elle peut vous raccompagner si vous le désirez…

Casanova se leva sur ces derniers mots. Il paraissait porter le poids d'un siècle d'existence trépidante, soudain effondré comme son homonyme théâtral face à la statue du Commandeur.

– Si vous choisissez de rester parmi nous, Ambre vous fera découvrir les enchantements de ces lieux, les mille et un souvenirs qui y résonnent encore.

Et il disparut, avalé par l'obscurité silencieuse de la Demeure.

Chapitre 29

> La Justice est une balance capricieuse où l'Innocence pèse bien moins que la Suspicion…

Jason arrêté…

Ces deux mots retentissaient comme un diagnostic létal lâché par un médecin maladroit au fil d'une consultation embarrassée : Ambre était effondrée, sidérée…

Et moi, j'étais à peine surpris. Mais quelle était donc cette monstrueuse déformation professionnelle qui m'interdisait d'avoir des sentiments humains au moment où j'en avais le plus besoin ? J'avais égaré mon âme sur le chemin du savoir et personne ne semblait vouloir me fournir un billet retour…

Cela faisait plus de quarante-huit heures que j'étais hors du monde, plongé dans cet étrange microcosme où gravitaient plusieurs générations d'Ambre et de Casanova, où fantômes et êtres de chair et de sang se côtoyaient naturellement. Au début, je m'étais senti en décalage, à la fois initié et exclu de la trinité formée par la Demeure elle-même et ses deux principaux occupants. Mais à présent, comme l'avait prédit le vieil aveugle, je me laissai enivrer par ce manoir et ses charmes insoupçonnés que me révélait chaque heure le meilleur des guides : Ambre…

Bien évidemment, je n'avais rien oublié de la conversation nocturne qui avait marqué mon arrivée, mais, à vrai dire, je ne remarquais rien de réellement inquiétant chez ma partenaire et conclus rapidement que son protecteur s'était alarmé un peu vite.

Chaque journée se déroulait selon un protocole qui semblait inscrit dans les atomes mêmes de la propriété : lever au petit matin (j'avoue que sur ce point, j'avais un peu de mal à suivre), balade immédiate dans la forêt environnante jusqu'à une petite clairière qui dominait la vallée où Casanova nous attendait pour un petit déjeuner gargantuesque sur l'herbe. Tout en mangeant, Ambre se mettait alors à dépeindre le paysage à voix haute afin de gommer tout à fait l'infirmité du vieil homme. Ensuite, chacun était libre (règle tacite que j'expérimentais douloureusement tant j'avais envie de me consacrer à ma rouquine préférée) de s'occuper selon son inspiration : Casanova s'enfermait dans la seule pièce que personne ne m'avait fait visiter et Ambre allait méditer seule au bord d'une source proche. Pour ma part, j'errais sous les frondaisons des sous-bois, tâchant de tromper l'attente de nos retrouvailles. Je me sentais extraordinairement bien, définitivement éloigné des événements tragiques de ces derniers jours. La seule ombre au tableau, probablement en rapport avec la promiscuité du taxidermiste, était mon incapacité à croiser un quelconque être vivant sans que ne s'impose à moi l'image de sa dépouille vide…

Ensuite, venaient mes instants préférés : le repas à l'ombre d'un chêne gigantesque puis ces longs moments partagés avec Ambre à m'émerveiller de ses réminiscences, m'étonner de ses passions enfantines, bref, à découir petit à petit son jardin secret. J'avais complètement oublié mes obligations à l'Institut et songeais, lorsque j'étais seul, à la tête que devait faire Vanacleef s'il cherchait à me joindre. Je découvrais, pour la première fois de ma vie, le bonheur paisible d'une existence réglée et commençais, à mon grand étonnement, à m'installer dans une confortable routine. Et puis le téléphone avait sonné…

Jason arrêté, donc. Une nouvelle qui avait résonné comme un coup de tonnerre dans un ciel serein. Et à présent, je regardais Ambre arpenter nerveusement la cuisine rustique du manoir : trois pas, un arrêt pour se saisir machinalement d'un couteau oublié sur la table, puis trois pas à nouveau, un arrêt, changement de direction, droit vers la porte. Elle se figea soudain et planta la lame dans le panneau de bois. La retira et se tourna vers moi, cherchant sans doute un réconfort que j'étais incapable de lui offrir, le cerveau engagé dans un raisonnement désespérément objectif. En effet, j'étais en train de reconstituer la logique que devaient avoir suivi les enquêteurs pour inculper Jason : étant donné les conclusions de nos différents rapports, ils avaient dû mettre tout personnel « sensible » sous surveillance et ils étaient tombés sur cet artiste marginal qui hantait les salles de dissection de la faculté de médecine et que certains penchants morbides poussaient à « consommer » ses conquêtes dans ces lieux sordides. Ensuite, une rapide enquête avait dû mettre à jour ses abus de substances illicites et certaines fréquentations probablement peu recommandables : l'art attirait depuis l'aube des temps un cortège d'originaux mystiques qui n'avaient pas la faveur des services de police…

Soudain, une voix gutturale et suraiguë à la fois, horriblement dissonante, me tira de mes pensées :

– Il faut y aller.

Ambre était devant moi, debout, les yeux rivés dans mon regard encore absent, me toisant avec une morgue dédaigneuse que je ne lui connaissais pas. Elle semblait irradier d'une colère destructrice, inébranlable. Pourtant je ne pus m'empêcher de remarquer le tic spasmodique qui agitait ses doigts crispés…

Chapitre 30

> « À ce qu'il paraît… Les ennuis font le sel de la vie Remarquez, ça tombe bien, mon toubib vient de me prescrire un régime sans sel… »
>
> Philosophie de comptoir

Évidemment, on avait découvert quelques comprimés d'ecstasy et de L.S.D. Évidemment, un ou deux ouvrages ésotériques encombraient la bibliothèque. Évidemment, « le suspect disposait, de par son accès privilégié à la faculté de médecine, des moyens suffisants pour perpétrer les crimes dont il était accusé ». Évidemment…

Tout cela m'était confirmé à l'instant même (de façon exceptionnelle et parfaitement informelle) par l'un des officiers de police que je côtoyais régulièrement à l'Institut et à qui j'avais rendu quelques services. Ce que j'ignorais en revanche, et qui n'arrangeait pas les affaires de Jason, c'était qu'une plainte pour coups et blessures avait été déposée contre lui par l'une de ses anciennes « victimes » étudiantes quelques jours plus tôt : une fâcheuse coïncidence qui justifiait encore un peu plus sa mise en examen. Je me demandais comment j'allais pouvoir annoncer tout ça à Ambre, restée dans le hall d'accueil du commissariat, tandis que mon « informateur » continuait à m'énoncer tous les éléments qui accablaient Jason : absence d'alibi, antécédents d'inculpations pour pyromanie et trafic de stupéfiants, relations plus ou moins avérées avec certains milieux douteux… Devant cette avalanche de présomptions, je commençais à avoir la nausée et m'apprêtais à prendre congé lorsque nous fûmes soudain interrompus par une violente altercation de l'autre côté du mur : des cris, des coups, des pleurs… Ambre !

Je me précipitai, débouchant en trombe dans la pièce où je n'aurais pas dû la laisser.

Elle était là, prostrée, sanglotant de rage, au pied de deux agents déconcertés tandis qu'à l'autre bout de la salle, un de leur collègue portait ses mains à son visage sanguinolent en proférant menaces et insultes :

– Bouclez-moi cette s… avant que j'la tue ! Non mais regardez c'qu'elle m'a fait !… Elle a bien failli m'arracher les yeux avec ces p… d'ongles ! Complètement barge cette nana…

La fumée bleutée jouait avec l'unique rayon de lumière qui filtrait dans la pièce, répandant ses effluves douceâtres de haschisch sur les tentures omniprésentes. Assis sur un épais tapis, je regardais les traits anguleux de la jeune femme noyée dans les vapeurs psychotropes en face de moi : Anne Quelque chose, s'était-elle spontanément présentée à notre arrivée en me broyant la main d'une poigne ferme. Je pris à mon tour une bouffée de THC roulé par ses soins, tout en jetant un coup d'œil discret à la féminité qu'elle s'efforçait de dissimuler sous des vêtements androgynes. Puis Zabo nous rejoignit, annonçant avec un soulagement visible qu'Ambre s'était fin endormie. Elle vint se blottir aux côtés d'Anne et me jeta un regard saturé d'interrogations…

Ce qui se passait ? Fichtre, j'étais bien la première personne à me poser sérieusement la question… Je me concentrai quelques instants, tirai une dernière fois sur le joint et me lançai dans le récit mouvementé des deux dernières heures : l'arrestation de Jason que P'tit Pierre nous avait annoncée au téléphone, le retour précipité sur Lille et le passage au commissariat pour obtenir des renseignements et peut-être même voir *l'accusé*. Un sacrée bonne idée que j'avais eu là, persuadé de pouvoir obtenir certains passe-droits grâce à mes relations dans la vénérable maison. D'ailleurs, tout avait bien commencé : j'avais obtenu un entretien rapide avec un officier de ma connaissance qui avait accepté de répondre à mes questions. Et puis, tout avait soudain basculé : Ambre, secouée (bien plus que je ne l'avais soupçonné en fait) par la nouvelle, avait perdu son sang-froid avec un fonctionnaire borné, passant ses nerfs à fleur de peau sur celle de ce dernier. Ensuite ? Ensuite, il avait fallu enfermer Ambre dans la voiture, revenir dans le commissariat, tenter de calmer tout le monde, se confondre en excuses, subir les humiliantes vexations du brigadier « défiguré » pour éviter qu'il ne porte plainte, et repartir en courbant l'échine.

Après tout cela, j'avais éprouvé l'impérieuse nécessité d'un soutien, d'autant qu'Ambre s'était emmurée dans un mutisme déroutant. J'avais fait en vain le tour des possibilités : Aziz, je m'y refusais, Barbara, idem, restait Bob… Non, il me fallait trouver quelqu'un qui la connaissait, qui saurait comment l'aborder. Elle m'avait apporté la solution en lâchant à voix basse le nom de Zabo.

Et voilà pourquoi je me retrouvais à présent dans ce salon subtilement décadent passé au grill des deux regards farouchement saphiques qui m'observaient avec une bienveillance toute relative. Je compris que je n'étais plus à ma place, ma mission s'arrêtant en ces lieux dont je devais être le seul homme, mis à part peut-être le plombier et le facteur, à avoir passé le seuil.

D'ailleurs, c'est avec une joie non dissimulée que Zabo me raccompagna à la porte, m'assurant qu'Ambre serait vite d'aplomb grâce au cocktail qu'elle lui avait fait absorber : un mélange détonnant d'anxiolytiques et de substances dont j'avais préféré ignorer la nature…

Chapitre 31

« Amour : psychose plus ou moins sévère qu'il convient d'éviter sous peine d'aliénation définitive. »

Zabo

Les volutes bleuâtres s'accrochaient au stuc du plafond. Elles contournaient les frises en relief pour marquer de leur sceau de nicotine le moindre interstice.

Plus bas, le grésillement du tabac faisait entendre sa musique addictive à intervalles réguliers. Inspiration, rougeoiement. Expiration, cendres et fumées. Une mort en paquets de 20, 25 ou 30 qui venait lentement goudronner l'autoroute du cancer au fond des poumons ou de la gorge.

Tout le monde savait ça.

Mais Zabo aimait fumer : ces instants volés au déroulement de la vie, seule avec ce petit morceau de papier et de tabac. Ce bruit si caractéristique à chaque bouffée et la chaleur qui vient réchauffer l'intérieur. Puis ce goût âcre dans la bouche, le nez et même sur les doigts. Zabo aimait par-dessus tout humer ses mains après avoir fumé, juste là où s'étaient déposées les marques brunes de la nicotine. Elle plongeait alors dans les abîmes d'un souvenir adolescent.

Elle aimait fumer, un point c'est tout.

Zabo était, de ce point de vue, irrécupérable, définitivement « santé incorrecte ». Mais elle s'en fichait.

Elle se retourna dans les draps, frottant son épiderme nu contre le tissu encore humide du corps à corps dont ils avaient été l'arène. Elle sentait sur ses seins l'odeur de l'autre, sa chaleur encore piégée alors que celle-ci était déjà sous la douche.

Zabo, elle, paressait, s'étirant comme une féline, s'enivrant de ses odeurs qui se mêlait au tabac sur ses lèvres, dans sa bouche.

Zabo tirait son surnom d'un roman de Pennac. Un surnom pas très gentil si on se référait au dit roman. Mais il faut dire que Zabo n'inspirait pas la gentillesse.

Cette femme sans âge, d'une beauté froide, semblait aussi raide que l'archet de son violon. Car elle était premier violon dans l'orchestre philharmonique de la ville. Une place que l'on conquiert à la force du poignet, sans jeu de mots superflu, une place que l'on conquiert aussi à force d'intrigues et de manipulations.

Physiquement, elle faisait songer à une mante religieuse prête à dévorer le moindre bout de mâle qui lui ferait la cour.

Car Zabo était lesbienne. Ni frigide, ni frustrée ou encore revancharde, juste lesbienne. Ce qui, somme toute, n'avait guère d'importance au quotidien. Sauf au moment de se glisser dans ses draps.

Elle vivait en couple avec une jeune danseuse anorexique qui rêvait d'opéra. Le problème était que celle-ci passait plus de temps à rêver qu'à danser. Quant à l'opéra, il s'était peu à peu éloigné au fil des années.

Restait le rêve.

Elle donnait des cours aux jeunes filles bien mises du Lille catholique et s'offrait, à l'occasion, une virée dans les boîtes branchées de l'autre côté de la frontière.

Mais Zabo s'en fichait. « Jalousie » ne faisait pas partie de son vocabulaire.

Zabo était un mystère ambulant, une personnalité inaccessible et distante. Lorsqu'elle posait ses yeux discrètement globuleux sur vous, vous aviez l'impression qu'un pinceau laser examinait l'intérieur de vos organes.

Ensuite, elle vous acceptait ou vous rejetait.

Sans espoir de seconde chance.

Elle avait rencontré Ambre un soir de première, alors que la jeune femme accompagnait Monsignore Luccas. Le couple était venu lui témoigner son admiration dans sa loge. Mais Zabo n'avait pas écouté le vieil homme, elle n'avait même pas remarqué ses manières élégantes. Non, elle s'était assise, subjuguée par la présence flamboyante d'Ambre…

Amoureuse. Pour la première fois de sa vie, Zabo était tombée amoureuse. Elle avait immédiatement éprouvé au plus profond de son ventre, cette étrange sensation qu'elle pensait bien ne jamais devoir ressentir au cours de son existence.

Car Zabo avait une conception très personnelle de l'amour, jusque-là. Zabo considérait l'amour comme une pathologie avilissante, une insulte à l'intelligence, au rationnel. Et voilà qu'elle venait de la contracter !

Alors, elle s'était refermée.

En quelques semaines, elle avait rompu toute relation avec l'extérieur et elle restait cloîtrée dans son appartement à contempler la fumée de ses cigarettes. Elle passait de longues heures au creux de son lit, ne se levant que pour satisfaire les besoins vitaux de son organisme.

Zabo cessait peu à peu d'exister…

Et puis un jour, Ambre était venue. Sans un mot, elle avait poussé Zabo sous la douche, l'avait lavée, habillée, nourrie. Ensuite, elles étaient parties toutes les deux pour ce mystérieux manoir que Monsignore possédait au fin fond des Flandres.

Là, Ambre s'était offerte : ses souvenirs, ses passions, son amitié…

Presque tout son être, à vrai dire.

Quatre semaines qui resteraient à jamais gravées dans la mémoire de la violoniste. Quatre semaines sans espoir de prolongation. Mais Zabo s'en fichait : elle était revenue parmi les vivants.

Ensuite ?

Ensuite, chacune avait repris sa vie, tout simplement. Comme si une parenthèse venait de se fermer. Point.

De cette période, Zabo avait conservé une étrange passion pour la taxidermie et les jeunes femmes à la peau laiteuse…

Chapitre 32

> « On dirait que l'âme des justes donne, comme les fleurs, plus de parfums vers le soir. »
>
> Madame de Staël

L'inox perforé de la douche déversait machinalement un flot interrompu de liquide brûlant sur l'émail froid du bac : de ce contact paradoxal, jaillissait une brume saturée d'humidité qui s'accrochait aux parois de verre dépoli. Là, par l'alchimie de la condensation, les volutes retrouvaient leur état primal de gouttes ruisselantes. Chacun de mes sens enregistrait en continu tous ces petits miracles de la physique quotidienne sans qu'aucune information ne vienne perturber le vide de mon esprit. Je sentais toute cette eau qui tentait, en vain, de me tirer de ma torpeur : la chaleur qui rougissait mon épiderme, le fracas qui assourdissait mes tympans, le chlore municipal qui irritait mes lèvres, mes narines, et la buée qui m'aveuglait. Et pourtant, je restais là, replié en position fœtale dans un angle de l'étroite cabine, loin, très loin de cette réalité mesquine.

Depuis combien de temps étais-je sous cette cataracte bouillante ? Je l'ignorais, non même pas, car ceci supposait un minimum de conscience résiduelle. J'ignorais que je l'ignorais plus exactement. Et puis soudain, il n'y eut plus d'eau chaude et je revins à la vie, brutalement, dans un cri tout droit sorti de mes entrailles !

Pour la première fois de ma vie, je bénissais les limitations volumiques de mon cumulus : en effet, cet « hydrochoc » imposé semblait avoir miraculeusement remis mes neurones dans le bon sens. En quelques minutes, je me séchai, m'habillai, me coiffai et décidai d'affronter bravement mon répondeur que j'avais lâchement ignoré en revenant de chez Zabo : Aziz, étonné, Bob, furieux, Barbara, bienveillante, tous surpris de ma disparition (ces messages remontaient au premier jour de mon escapade à la Demeure). Puis les appels s'étaient faits plus nombreux, plus pressants : Aziz – quatre fois – de plus en plus intrigué, Bob – même score – de plus en plus inquiet et, contre toute attente, Vanacleef – deux fois, un record ! – qui menaçait de m'exclure de l'Institut (j'espérais qu'il ne s'agissait là que d'un prétexte pour me faire réagir).

Barbara, elle, était habituée à mes petites trahisons…

Je pris donc mon courage à deux mains et décrochai le combiné pour les rassurer : à tout seigneur tout honneur, je commençai par le professeur, mais je n'obtins aucune réponse. Bien décidé à arracher ma rédemption par tous les moyens, je ne me laissai pas décourager et appelai Bob.

C'est en percevant les accents embrumés de sa voix ensommeillée que je compris mon erreur : depuis quelques heures déjà, la nuit était tombée sur cette journée mouvementée, depuis quelques heures déjà, j'avais entamé le lendemain. Il me faudrait donc dormir en priant pour que mes bonnes résolutions ne s'évanouissent pas au clair de lune d'un cauchemar que je redoutais soudain…

Il n'y eut ni clairière, ni chimère ; ce fut un sommeil sans rêves, sans âme, vide de tout sens. Je m'éveillai tôt, rempli d'une énergie et d'une détermination farouches.

Étendu sur mon lit, je regardais le plafond en songeant à l'hypothétique culpabilité de Jason : certes, une certaine logique conduisait naturellement à le soupçonner – j'avais moi-même suivi ce raisonnement – mais je n'arrivais pas à me convaincre tout à fait. Il me fallait des preuves indiscutables et rien dans ce que m'avait révélé l'officier ne m'apparaissait réellement convaincant.

L'image des deux cadavres mutilés reposant dans les tiroirs réfrigérés de l'Institut vint s'inscrire en surimpression sur la peinture au-dessus de ma tête, comme pour m'obliger à agir : je savais à présent ce que je devais faire…

Je passai ainsi la matinée au téléphone, m'excusant, expliquant, incitant ceux qui m'avaient jusqu'alors secondé dans cette énigme à se réunir : Lagavulin, La Gargouille, Bob et frère Tuck ; de ces quatre cerveaux sortirait forcément quelque chose, j'en étais persuadé. Dès le lendemain soir, cette *dream team* de la lutte contre le crime devait se retrouver sous la protection tropicale d'une serre anachronique dissimulée quelque part dans le Vieux-Lille.

Je pensais à Ambre, bien évidemment, mais mon intuition retrouvée me poussait à attendre qu'elle reprenne contact, lorsqu'elle serait libérée du joug de la reine Zabo.

Il me fallait encore attendre un bon millier de minutes avant la grande confrontation, et ça, je ne pouvais m'y résoudre sans rien faire. Je commençai donc par prendre contact avec un ancien camarade devenu avocat et lui exposai la délicate affaire Jason. Bien entendu, il avait lu les journaux et connaissait déjà dans les grandes lignes l'histoire du « Boucher du vieux Lille », et son hésitation fit long feu quand il comprit que je lui apportais ce dossier brûlant sur un plateau : j'avais accompli ma première mission.

La seconde tâche que je m'étais fixée n'était pas moins délicate et je la redoutais tout autant, effrayé par son ampleur : rendre à mon véhicule un semblant de visage humain !

Je devais en effet, le lendemain soir, passer prendre Aziz et le professeur et il était hors de question qu'ils pénètrent dans ce bouge auto-mobile qu'était devenue ma voiture.

Le second jour – toujours sans nouvelles d'Ambre – s'égrena plus lentement encore : réveil tôt, matinée sans intérêt – ce n'était pas la sonnerie du téléphone, là ? –, repas devant la télé – et si j'essayais d'appeler ? comme ça, par hasard –, attente… À ce régime là, mes nerfs ne tiendraient pas plus d'une heure. Je m'enfuis donc chez Barbara chercher une épaule maternelle…

Dérangé par les flux tournoyants de l'air ventilé, un phasme squelettique se détacha de son homologue végétal en quête d'une retraite plus calme. Il se redressa fébrilement sur ses pattes filiformes, abandonnant son immobilité mimétique, scellant définitivement son destin : un dixième de seconde plus tard, il avait trouvé le repos éternel au fond de l'estomac corrosif d'un caméléon placide. L'impitoyable dénouement de ce drame écologique me tira soudain de ma méditation, me ramenant brutalement au cœur de la serre tropicale où Aziz, Vanacleef, Bob et frère Tuck s'assenaient mutuellement un flot de mondanités ineptes : ignorant qu'ils étaient unis par la même énigme, chaque paire se demandait ce que l'autre faisait là.

Il était à peine vingt heures, le soleil brillait toujours, et je n'avais pas encore donné le signal des hostilités. À bien y réfléchir d'ailleurs, j'étais persuadé d'avoir volontairement repoussé ce que je pressentais comme un point de non-retour. Mais je sentais poindre agacement et nervosité, subtilement aiguillonnés par l'apéritif corsé que nous avait servi le bouquiniste : il était temps que retentisse le gong !

– Nous sommes tous persuadés, je pense, que cette soi-disant arrestation du Boucher du vieux Lille est une erreur, n'est-ce pas ?

J'avais glissé cette phrase sibylline dans le flux des conversations, suffisamment fort pour être entendu de tous, sans pour autant réellement prendre la parole. Et c'est avec une immense satisfaction que je vis tous les visages se tourner vers moi : Aziz, se fardant d'une sagesse toute orientale ; Bob, franchement surpris et frère Tuck, visiblement épanoui de comprendre enfin. Seul Vanacleef resta impassible, me carbonisant du regard en lâchant :

– Mais enfin, Ange, vous êtes totalement irresponsable… Il s'agit d'une affaire grave et confidentielle, et je ne crois pas, sauf erreur de ma part, que ces messieurs soient soumis au secret professionnel… Je vous prierais donc de ne plus aborder ce sujet et de nous expliquer enfin ce que nous faisons ici… Je vous écoute et tâchez d'être convaincant !….

J'allais répondre, tenter d'apaiser le courroux légitime du professeur lorsque, comme je l'espérais secrètement, frère Tuck intervint d'une ironique citation :

– « L'intelligence est caractérisée par une incompréhension naturelle de la vie… »

Lagavulin accusa le coup, se tournant d'un air méfiant vers ce mystérieux moine qui citait Bergson. Il allait répliquer, probablement décidé à nous asséner un de ses aphorismes assassins qui avaient fait sa réputation dans les amphithéâtres. Mais ce fut Bob qui explosa le premier dans un style qui n'appartenait qu'à lui :

– Nom de nom, Ange, il a raison, le professeur Machin-chose… Je vis Vanacleef verdir de rage. Ton petit jeu ne nous amuse plus et il serait temps que tu nous mettes dans la confidence…

– Saint Bob se leva alors et dit…

– Quant à toi, *padre*, je te prierais de ne pas en rajouter avec tes paraboles fumeuses, sinon…

J'éclatai alors d'un rire si bruyant, si spontané, que la tension qui électrisait l'atmosphère quelques secondes plus tôt se dissipa tout à coup : la *dream team* était à point…

Vint alors la fastidieuse et néanmoins indispensable présentation des rôles que chacun avait joué jusqu'à présent et, plus vite que je ne l'avais prévu, le duo Gargouille-Lagavulin fraternisa avec le couple Bob-frère Tuck : l'union sacrée de la science et du mystique.

Peu à peu, tandis que dehors s'épaississait la nuit, la méfiance s'estompa, les réticences se rompirent, et ils commencèrent à échanger librement leurs points de vue, chacun cherchant sincèrement à comprendre l'éclairage que pouvait apporter la vision de l'autre.

De cette première phase, interrompue par un copieux en-cas mystérieusement apparu sur de petites tables basses autour de nous, nous sortîmes un peu désappointés : nous étions submergés de documents, rapports, dessins que j'avais soigneusement compilés et mis à la disposition de tous, mais rien de nouveau ne semblait se profiler à l'horizon de nos conclusions…

Une horloge vint sonner minuit, puis une heure, puis deux. Dans la serre régnait à présent une ambiance feutrée où se mêlaient épuisement et concentration : Aziz, un peu à l'écart, ronflait doucement au rythme du hamac dans lequel il était installé ; Bob tentait vainement de résister contre la fermeture inopinée de ses paupières tandis que frère Tuck et Vanacleef plissaient le front à la lecture de leurs rapports respectifs. Quant à moi, je sirotais lentement un rhum gingembre en examinant pour la millième fois chaque aspect de cette affaire à la lumière terne de mes circonvolutions. Et puis soudain :

– Dites-moi, cher professeur, ces fragments végétaux inclus dans l'épiderme probablement sous l'action d'un agent chimique de type alcool, mentionnés dans le rapport d'autopsie, les avez-vous faits analyser ?

Une question de détail, anodine, sur l'un des points les plus anecdotiques de la nécropsie, un point que moi-même j'avais occulté : il n'y avait que frère Tuck pour y trouver quelque intérêt… Vanacleef lui-même hésita avant de répondre :

– Bien évidemment… Il se tourna vers moi. Ange, donnez-moi les conclusions des analyses toxicologiques, voulez-vous ?

Je lui tendais la liasse, essayant d'entrevoir ce que ce nouvel axe de réflexion pouvait apporter. En vain.

– Une petite seconde… Ah, voilà… Les échantillons relevés dans les couches cornées superficielles semblent correspondre à d'infimes particules de pyrèthre… Une fleur proche des Chrysanthèmes sauvages, je crois… mêlées à quelques traces de coloquintes qui pourraient correspondre à des impuretés…

– Et quelles sont vos hypothèses sur ce point ?

– Et bien, il me semble que nous avions conclu qu'il devait s'agir de poussières provenant du lieu du crime, fixées par l'alcool que le meurtrier aurait utilisé pour laver le cadavre afin d'en éliminer toute trace exploitable. Par ailleurs, nous avons rapidement abandonné cette piste, ces plantes étant par trop communes pour pouvoir nous donner la moindre indication…

– Je vois… Une autre précision, voulez-vous ?

– Je vous en prie.

– Vous écrivez, dans le premier rapport, que le corps était dans un état de conservation externe quasi-parfait, légèrement en décalage avec la datation que vous proposez à partir des constatations organiques internes. Comment expliquez-vous cela ?

– Je… J'avoue que je n'ai guère accordé d'importance à ces éléments tout à fait hypothétiques… En effet, le fait que la première autopsie ait été réalisée en deux temps avec un passage en tiroir réfrigéré suffisait à rendre compte du phénomène…

– Et pour le second cadavre, qu'en est-il ?

– Et bien, je l'ignore… Nous étions tellement focalisés par les similitudes entre les deux affaires que nous n'avons pas fait de recherche dans ce sens…

Frère Tuck médita quelques instants puis reprit :

– Une dernière chose, s'il vous plaît : avez-vous trouvé sur les corps une quelconque trace de savon ?

– Non, je ne…

– COMMENT LE SAVEZ-VOUS ?

Interrompant Vanacleef, j'avais presque hurlé ma question, sidéré par la clairvoyance du moine : j'avais, en effet, noté la présence de quelques paillettes de savon lors de ma première autopsie, mais je ne l'avais stipulé nulle part, pensant en toute logique que cet élément s'intégrait dans le rituel de nettoyage auquel avait procédé le meurtrier. En outre, je ne pensais pas tirer quoi que ce soit de ce bien maigre indice. Ils se tournèrent tous les deux vers moi, et alors que je m'apprêtais à m'expliquer, frère Tuck, tout sourire, reprit :

– Résumons-nous, messieurs : des corps dont l'enveloppe se conserve *un peu trop bien*, un épiderme badigeonné d'une solution alcoolisée d'extraits de coloquinte, de pyrèthre et de savon, nous tenons une piste ! Vous allez comprendre rapidement quand je vous aurai dit qu'une telle préparation possède d'indiscutables vertus : insecticide puissant et conservateur reconnu… Messieurs, notre assassin s'adonne à l'art délicat de la taxidermie !

Que faire, à présent, à part aller demander à la nuit de me porter conseil ?

Chapitre 33

« Il n'y a pas de preuve par l'horrible. »

E. Rostand

Un cycle s'achevait, j'en étais persuadé : des cinq extrémités du pentacle tracé devant l'autel, une seule était encore vide. À chacune des autres pointes, reposait un cœur humain parfaitement disséqué tandis qu'au centre de la figure, gisaient, atrocement imbriqués, les dépouilles tronquées de ce qui avait dû être deux jeunes et jolies femmes… L'assassin n'avait visiblement pas attendu nos conclusions nocturnes pour s'acharner sur ces deux nouvelles victimes.

Je ne pouvais détacher mon regard de cet amas de chairs torturées, lacérées, comme pétries par une impitoyable machine. À nouveau, je retrouvais ces extrémités atrocement amputées, ces moignons brûlés par la chaux où les tissus déformés laissaient entrevoir la blancheur de l'os mis à nu. À nouveau, je suivais les arabesques livides des scarifications, anticipant déjà sur le motif complexe qu'elles dessinaient. À nouveau, je replongeais dans l'horreur…

Je levai enfin les yeux de ce carnage rituel, m'attardant sur les ogives massives, les voûtes puissantes de ce lieu de culte profané. La lumière composite de l'aube naissante prenait, au filtre des vitraux, des teintes pastel qui venaient chasser les ombres minérales : ici, un trait de bleu pâle fardant le profil lisse d'une madone de plâtre, là un peu de jaune s'accrochant au relief poreux d'une rosace sculptée. Et sur l'autel, par un curieux effet d'optique, un halo verdâtre rehaussait les dorures d'un ciboire renversé, vomissant un chapelet d'hosties agglomérées dans la croûte craquelée d'une flaque de sang coagulée…

Vanacleef s'était effondré sur l'un des fragiles prie-Dieu du premier rang, hagard, épuisé, tandis qu'au dehors, un officier déposait son petit déjeuner au pied des échafaudages.

Notre Dame-de-la-Treille, la cathédrale inachevée assise sur les fondations primitives de la ville : une nouvelle parabole symbolique que l'assassin nous offrait.

Je n'avais aucune envie, aucune énergie pour effectuer les constatations réglementaires et je laissais Aziz œuvrer. Je me concentrais sur son imposante et rassurante silhouette qui s'agenouillait, gravitait, déplaçait les corps avec un luxe de précautions : chacun de ces gestes était empreint d'un respect bienveillant, tendre presque, et je notais (pour la première fois ?) qu'il priait en silence.

Étrange paradoxe que ces suppliques musulmanes s'élevant, invisibles, vers la chrétienté de la nef : Aziz, je le savais, pensait que l'unique religion reconnue de Dieu était l'Homme…

Fasciné par ce rituel aux frontières du culte et de la recherche de vérité (deux démarches identiques, au fond ?), je repensais à ces dernières heures passées chez Bob : la piste, si évidente, révélée par frère Tuck, précédant l'étrange torpeur méditative qui nous avait alors envahis. Naviguant entre conscience et sommeil, nous

nous étions, tous les cinq, laissés bercer jusqu'à l'aurore par le bruissement de la serre.

Et puis, il y avait eu le réveil en sursaut, les pulsations cardiaques s'alignant sur le bip lancinant du messager de poche : Vanacleef s'était levé, silencieux, grave, il savait !

À regret, nous avions abandonné le duo fraternel, anticipant le spectacle macabre qui nous attendait dans l'église : Jason était innocent, ça nous le pressentions déjà auparavant, mais, qu'il nous en excuse, nous aurions préféré avoir tort…

Une ribambelle de petits sacs translucides était alignée aux pieds de l'archange Gabriel, attendant d'être classée, analysée à l'Institut. Notre travail touchait à sa fin, et Aziz vint nous rejoindre dans les travées inoccupées. Déjà, les corps étaient engloutis dans les étuis de nylon noir destinés à leur transport, et je suivais des yeux le large sourire de la fermeture-éclair se fermer sur ces existences tronquées. Mais ni l'agitation, ni le tumulte qui régnaient soudain autour de nous ne pouvaient perturber notre recueillement : trois silhouettes dépareillées, l'imposant Aziz, le noble Vanacleef et l'Ange frêle, éternellement figés devant l'inconcevable comme les statues d'un temple maudit…

Quelques minutes plus tard, nous nous retrouvâmes sous les structures tubulaires des gigantesques échafaudages de la façade, échangeant de longs regards où chacun semblait chercher son âme dans le reflet de l'autre. Puis la magie se dissipa : le temps de la Révélation était venu !

Je réalisais soudain, avec douleur, tout ce que cela pouvait signifier : il ne devait, en effet, pas y avoir plus d'une vingtaine de taxidermistes dans la région et même un aveugle, avec une complicité adéquate, pouvait…

Casanova !

Chapitre 34

XIII, treizième arcane majeur du Tarot, la Mort. Une mort inéluctable, implacable certes, mais nécessaire, indispensable comme l'achèvement d'un cycle avant le renouveau.

L'Australie ! oui, c'était bien ça : j'avais enfin trouvé à quoi pouvait bien ressembler ce morceau de crépi ocre qui menaçait de se détacher, défigurant tout à fait la façade délavée de la minuscule chapelle. L'Australie, bien sûr…

Il y avait tous ces gens, en noir, autour de moi, des inconnus pour la plupart, et il y avait Ambre effondrée, en noir, à mon bras, évidemment. Toutes ces choses qui auraient dû m'enraciner, me clouer dans la réalité morbide de cette journée maussade. Alors pourquoi diable ne cessais-je de fixer ce fragment de plâtre en me demandant quelle stupide analogie géographique j'allais bien pouvoir trouver ?

Le vent se leva soudain, ployant les chrysanthèmes, noyant l'oraison funèbre dans un tumulte de débris envolés : mouchoirs en papier, déchets abandonnés, pétales de plastique tourbillonnaient dans les allées négligées du cimetière…

Car nous étions dans un cimetière (je revenais peu à peu de mon voyage imaginaire aux antipodes), à un enterrement plus précisément : celui de Casanova !

Je repris pied parmi le cortège recueilli, et tous les événements tragiques des dernières quarante-huit heures vinrent me hanter. À la sortie de la « Cathédrale sanglante », comme le titrèrent les journaux, j'avais pris ma décision, sachant que Vanacleef ne tarderait pas à révéler aux autorités nos dernières conclusions et pressentant que les soupçons finiraient pas retomber sur le vieil aveugle : je voulais être le premier à m'assurer de son innocence.

Je m'étais donc rendu à son domicile, me heurtant à un pesant silence, ignorant que dans les chambres du premier étage, Ambre dormait d'un sommeil artificiel. Puis, je m'étais engagé sur l'autoroute en direction de la Demeure : d'abord la plate campagne, puis quelques bosquets et enfin les chênes qui menaient aux pieds du manoir. En arrivant, je faillis heurter l'antique véhicule qui m'avait conduit ici quelques jours auparavant : mon instinct ne m'avait pas trompé !

Je ne savais trop pourquoi, mais je me mis à hurler le nom de Casanova sous les fenêtres muettes, comme pour le prévenir d'un danger imminent. J'avais gravi le perron quatre à quatre, comme transporté par une urgence que je ne m'expliquais pas.

Soudain, je m'étais arrêté au pied du grand escalier qui, je le savais, débouchait dans un couloir sombre bordé à gauche d'une rangée de chambres et, à droite, de la bibliothèque sanctuaire du vieil homme. J'avais repris mon souffle, longuement, profitant de chaque inspiration, envahi, tout à coup, d'une macabre prémonition : le plus dur serait la première marche, le reste viendrait tout seul, avais-je curieusement pensé. Et puis était venue la lente ascension, marche après marche, chaque pas un peu plus douloureux que le précédent, chaque seconde un peu plus amère…

Il faisait beau, enfin c'est ce qu'il me semblait. La dentelle qui ornait les manches de la robe d'Ambre m'irritait le poignet et le sermon du prêtre ne parvenait pas à pénétrer mon cerveau désespérément étanche. Nous étions à présent au bord de la fosse où allaient pourrir le cercueil et tout ce qu'il contenait : l'assemblée s'était faite un peu plus compacte, chacun se rapprochant un peu plus de l'autre, se touchant presque, comme pour s'assurer de faire encore partie du monde des vivants. Cette pensée me fit sourire car à en juger par les signes extérieurs de vieillesse de la plupart, beaucoup viendraient fertiliser cette terre avant peu. Étrange cette faculté que je me découvrais de pouvoir passer d'un détachement complet à une cruauté féroce : décidément, la mort n'était pas faite pour moi…

La première chose que j'avais vue, la première impression que je m'étais accordée avait été, une fois de plus, en parfait décalage avec la réalité : une intense curiosité à peine teintée de dégoût pour ce fragment, non identifié, de matière organique sanguinolente mollement posé sur l'angle du bureau. Quelque chose comme un éclat de voûte crânienne enrobé d'un bout de cervelle… Mon diagnostic avait été immédiat : la mort avait été causée par une destruction instantanée du tronc cérébral sous l'impact d'un projectile de fort calibre tiré à bout portant par la victime elle-même. Un suicide, donc. Soudain, j'avais plongé mon regard dans les yeux vitreux du cadavre, Casanova, foutue déformation professionnelle, c'était Casanova, *nom de Dieu* !

Je m'étais effondré, là, pleurant, vomissant, hurlant.

Il devenait de plus en plus difficile de soutenir Ambre : le chagrin venait rejoindre les tranquillisants pour achever le travail de sape qui érodait peu à peu sa conscience (sa raison ?). Jason le comprit et vint assurer le flanc droit. La cérémonie touchait à sa fin et déjà le cortège des condoléances s'organisait, s'ébranlant d'un même élan. Je ne sais pas si quelqu'un comprenait quoi que ce soit aux paroles murmurées à l'oreille d'Ambre, mais pour ma part, je m'en fichais éperdument…

Le reste non plus, je n'avais pas pu le comprendre : le visage serein de la discrète Marie sagement empoisonnée sur l'un des fauteuils, *Les Fleurs du Mal* froissées entre les doigts crispés de l'aveugle et la lettre portant un laconique « À l'attention des services de police » manuscrit sur l'enveloppe…

La poignée de terre résonna lourdement sur le chêne du couvercle, souillant la main qui l'avait jetée, sans colère pourtant, la mienne…

La tonalité du téléphone avait résonné lugubrement dans le silence…

« Ici la police, veuillez ne pas quitter, s'il vous plaît… »

Chapitre 35

Sept : chiffre magique, mystique, religieux, universel, symbole du renouveau et de ses incertitudes, après l'accomplissement d'un cycle vital…

« *Savez-vous, vous qui me lisez probablement avec l'œil acéré de la Justice, savez-vous ce que c'est que de devenir aveugle ?*

Non, évidemment…

Cette obscurité que l'on sait irrésistible et qui dévore peu à peu tout ce que vous aimez : les couleurs, les visages, la Beauté et bien d'autres choses encore. D'autres choses que mon cerveau, malade direz-vous, ne peut à présent qu'évoquer à travers le voile opaque du souvenir…

Une étrange malédiction qui vient vous amputer un peu plus chaque jour, comme une lèpre implacable, vous laissant toujours plus diminué, toujours plus désemparé. Alors que penser, que faire lorsque ni la religion – combien de prières, combien de dieux ai-je invoqué ? – ni la science – dégénérescence bilatérale idiopathique du nerf optique – ne sont capables de vous tendre la main ?

Oh, je n'accuse personne, bien au contraire, je suis là pour expliquer, rassurer, vous rassurer…

Et s'il existait une autre voie ?

Oubliez vos certitudes, par pitié, oubliez vos certitudes si vous voulez garder l'Espoir. Car j'ai découvert une alternative à la fatalité de la vie, une arme redoutable contre le Destin… Je le sais, Elle me le répète à chaque instant…

Elle est là, en moi, et Elle m'a dit qu'il existait un moyen. C'est Elle qui a guidé ma main vers les ouvrages que notre scepticisme frileux a tenté, au fil des siècles, d'écarter, d'éliminer. Et à présent, seuls les Initiés savent…

Elle m'a appris donc, que subsistait encore une oreille capable d'entendre mes suppliques et d'atténuer mes souffrances, une oreille d'un autre monde, une oreille d'outre-monde…

Marie n'a été qu'un instrument, mes yeux, mes bras, elle n'a agi que sur mes ordres, un esprit trop simple que j'ai, parfois avec plaisir, manipulé. Je suis sûr qu'elle en sera récompensée…

Savez-vous, messieurs de la Justice humaine, ce que c'est que d'être aveugle et soudain d'entendre une Voix dans cette obscurité atroce ? Non ?

Dommage, car vous ne connaîtrez jamais l'extase de perdre son âme…

De Infernis profundis te voco, oh magne Satanas…

Seuls les Initiés auront le privilège de la Connaissance.

Comprenez-vous enfin ce que je veux vous dire ? Non, évidemment… Il vous faut des faits, des preuves, des indices, des aveux, des certitudes aussi, des certitudes surtout…

Ignosce Satanas quod intelligere non possunt…

Alors, soyez satisfaits car voici, in extenso, ma dernière confession dans le monde des hommes, sous-créatures de la Réalité.

Entendez donc l'épitaphe de l'être né à Casablanca le 6 juin 1926 sous le patronyme de Gian-Franco Luccas, enfant divin d'une noble lignée sicilienne ; oui, écoutez ce que vous avez, j'ose l'espérer, déjà compris…

Si l'on s'en réfère à vos Lois humaines, je suis un assassin, un meurtrier, un monstre, un fou, du moins l'espérez-vous. Mais tel est le prix qu'exige le véritable Seigneur de l'Universalité, celui qui tient toutes les ficelles de nos pauvres marionnettes, celui dont le nom est multiple, maudit, Satan, Bête, Démon, Diable…

Les Initiés, oui, les Initiés, savent que tel est le prix… Mais le monde est bien fait, en vérité, car ces jeunes femmes étaient venues au monde pour être sacrifiées, les Tristes Sœurs, tel est leur nom…

Car votre Terre n'est qu'une illusion où seuls les Initiés savent, les Tristes Sœurs sont là pour que nous puissions établir le contact avec les Ténèbres… Relisez, messieurs, les écrits de ceux ou de celles que vous avez jadis brûlés et vous comprendrez…

J'ai donc assassiné ces jeunes femmes selon le rituel, et Marie n'a fait que suivre mes ordres, une inférieure, Marie, au service des Initiés… Vous trouverez toutes vos preuves dans cette maison même, dans ma chapelle, au rez-de-chaussée, les outils, les sacs, la chaux, tout vous dis-je…

Le rituel a toujours été respecté et Il ne m'a pas trahi, Elle me l'avait dit, la Voix, et à présent, au moment où je vais Le rejoindre, à présent, messieurs, JE VOIS…

Messieurs de la Justice humaine, je vous salue
en ce bas monde.
Gian-Franco Luccas

Cette épitaphe serait au combien incomplète si je ne délivrais pas mon message pour l'Ange nécrophile, qu'il sache, clamez-le par pitié, qu'il sache que si la Mendiante *est 88e, alors la Vérité sera trois fois dix et une…* »

Comme dans un livre. Ce fut ma première pensée à la relecture de la pâle photocopie de la lettre laissée par Casanova sur les lieux de son suicide : délire à thématique mystique, hallucinations acoustiques et verbales, maniérisme, stéréotypies jusque dans le discours, une observation d'école pour apprenti psychiatre en quelque sorte…

Trois jours s'étaient écoulés depuis les derniers meurtres, une journée à peine depuis l'enterrement, et j'étais là, à lire, à relire jusqu'à l'épuisement l'ultime écrit du vieil aveugle. J'essayais de comprendre, refusant de croire à la clôture définitive du dossier Boucher du Vieux Lille.

Ainsi, Casanova aurait été une sorte de personnage à l'identité double : sage taxidermiste à la ville, délirant meurtrier à la campagne ? Non décidément, cela ne me convenait pas, ces aveux sonnaient trop justes, comme s'ils avaient été soigneusement prémédités. Aucune hésitation, aucune rature, même pas une tache d'encre : pour quelqu'un qui va se donner la mort quelques instants plus tard, cette lettre manquait étrangement de personnalité, de volonté posthume…

Bien sûr, cela pouvait, dans une certaine mesure, s'intégrer dans la logique de sa pathologie présumée, mais je sentais, je *savais* que tout cela sonnait faux…

Bien sûr, on avait retrouvé dans son « atelier » tout le nécessaire pour découper, disséquer, préparer un cadavre : couteaux, scalpels et pinces à foison côtoyaient chaux vive, alcool et extraits végétaux dans les placards du vieil homme.

D'ailleurs, cela avait suffi à convaincre la police : des aveux, un mobile (très pratique, la folie, pour expliquer l'inexplicable) et les armes du crime. Et peu importait que l'on n'ait retrouvé aucune trace directe de la présence des corps, aucun fragment organique, pas le moindre échantillon tissulaire. Non décidément, cela ne me convenait pas…

Dans le contre-jour de la chambre, les seins blêmes dressaient leurs pointes frileuses vers le plafond sous les reflets artificiels du regard de verre d'un aigle tournoyant immobile. De petites veines bleues affleuraient sur l'épiderme diaphane, rivalisant de couleur avec les minuscules taches de rousseur. Je ne pouvais me détacher de cette vision érotique malgré moi, et enviais son sommeil chimique.

Ambre dormait, paisiblement enchaînée dans la camisole somnifère que je lui administrais depuis vingt-quatre heures, depuis sa crise.

Lorsque nous étions rentrés du cimetière, Ambre, assaillie, noyée de sentiments contraires (elle avait tenu à revenir dans l'appartement lillois de Casanova, cette mystérieuse demeure où je m'étais un jour réveillé au milieu d'une faune empaillée), avait soudain explosé en un accès de violence aveugle : chaque objet qu'elle touchait était instantanément détruit, chaque mur désespérément lacéré, et je n'avais eu d'autre recours que de la *sédater*, moi aussi…

À présent, le calme était revenu : Jason, unique rescapé de cette tragédie, et Zabo s'étaient installés avec nous dans cette grande maison-musée où, à chaque instant, les créatures immortalisées par Casanova semblaient douter de la légitimité de notre présence…

Et j'étais là, dans cette bibliothèque où le vieil aveugle m'avait initié à l'histoire de son art, j'étais là à tenter de percer l'énigme de ses dernières lignes, certain d'y trouver la clef de ce mystère macabre.

« *Cette épitaphe serait au combien incomplète si je ne délivrais pas mon message pour l'Ange nécrophile, qu'il sache, clamez-le par pitié, qu'il sache que si la Mendiante est 88e, alors la Vérité sera trois fois dix et une…* »

Cet ajout, j'en étais intimement persuadé, n'était pas le fruit d'un hasard délirant, il sonnait d'une grave intentionnalité, comme un dernier S.O.S. avant de sombrer. Et je ne pouvais m'empêcher de penser qu'il m'était destiné : moi, l'Ange qui passait plus de temps avec les morts qu'avec les vivants… Mais que venait faire cette Mendiante dans tout cela et que signifiaient ces chiffres cabalistiques ?

Soudain, je revis le noble visage de Casanova, ses mains séculaires, sa chevelure blanche : mon esprit projetait son image fantomatique avec une précision surnaturelle, là, devant moi, sur son fauteuil de prédilection. Le vieil homme m'aperçut, il souriait, je sentais presque l'odeur du tabac fruité exhalant de sa pipe. Il se leva, noble, altier, et vrilla son regard de porcelaine dans le mien. Ses lèvres remuèrent en silence, mais je pus y lire les syllabes muettes tandis qu'il s'évanouissait.

Je me mis alors à pleurer…

« Adieu, Ange nécrophile », telles avaient été ses ultimes paroles.

Chapitre 36

Six

Les planches noires luisaient de pluie et, tandis que leurs charnières rudimentaires rouillaient en toute insouciance, elles résistaient bravement aux flots sournois de cette eau tombée du ciel : Poches, Fleuve Noir et autres Présence du Futur pouvaient dormir tranquilles, bien à l'abri dans leurs « cercueils ».

Une idée de Bob, ce surnom : « Un livre, tu comprends, m'avait-il dit un jour, c'est fait pour vivre au grand air, pour passer de main en main, pour subir les outrages du temps, pas pour rester enfermé, alors, quand je ferme mon étal, le soir, après les avoir rangés, j'ai toujours un peu l'impression de les coller dans une grande boîte en sapin. »

Mais voilà, Bob n'était pas là, aujourd'hui. Enfin, étant donné ce qui me tombait sur les épaules, il est probable que j'aurais dû m'en douter…

Et cependant, je restais planté là, au beau milieu de la Vieille Bourse qui me fixait à présent de ses lugubres fenêtres, découvrant ses colonnades grises comme un chien montre les dents : une journée à ne pas mettre un Ange dehors, quoi.

Personne ne m'avait forcé à sortir, pourtant, et je croyais même me souvenir du « Mais qu'est-ce que tu vas fiche dehors avec ce temps ? » étonné de Jason croisé dans la cuisine.

En vérité, je n'en pouvais plus de cette atmosphère macabre, Ambre jouant les prolongations dans le rôle de la Belle au bois dormant entourée de toutes ces natures mortes qui me pesaient de plus en plus sur le subconscient : toutes ces dépouilles bourrées de paille ou de je ne sais quoi encore ; ça vous gâchait un peu l'optimisme à la fin. J'étais complètement trempé maintenant, et j'avais un besoin urgent de chaleur.

Mais voilà, Barbara n'était pas là, cette fois. Enfin, étant donné la tournure des événements, il est probable que j'aurais dû m'en douter…

Des façades mortes, des murs vides, des toits inutiles : bref un ensemble de bâtiments abandonnés (en attente d'une rénovation attractive, sans doute…) n'abritant qu'une population chétive de chats affamés, voilà tout ce que je trouvais à l'adresse que m'avait jadis laissée Aziz (je n'avais jusqu'alors jamais osé honorer ces multiples invitations).

Décidément tout allait de travers et il est probable que j'aurais…

Soudain, alors que j'allais faire demi-tour, je perçus les accents langoureux d'un chœur de femmes porté par l'envolée d'une cataracte de percussions : Aziz !

Guidé par ce fil d'Ariane mélodique, je m'engageai, courant presque, dans le labyrinthe sordide de ces bâtisses pas si abandonnées qu'elles voulaient bien le laisser voir : une série de couloirs lépreux, d'intersections désertes, puis le pavage approximatif d'une cour minuscule. Une volée de marches plus tard, je débouchai, après avoir franchi un lourd battant de bois, dans un long corridor soigneusement entretenu : d'interminables murs blancs, rehaussés de quelques motifs de mosaïques, où s'ouvraient de part et d'autre une dizaine de portes bleues. À l'autre bout, une tenture coranique indiquait le sens de la prière : dans l'écrin repoussant de ce pâté de maisons déserté, La Gargouille avait érigé son palais secret. J'hésitais un instant avant de franchir l'ultime porche, lorsqu'il déclara :

– Entre, cher Ange, nous n'attendions plus que toi…

Gris Boulaouane (excellent, par ailleurs !) contre Trois-Monts (à température idéale), le sang du désert contre l'essence des Flandres, une rencontre au moins aussi surréaliste que le spectacle qui s'offrait à mon regard ahuri : confortablement allongé sur les motifs berbères d'un gigantesque tapis, le trio le plus inattendu de l'année, Aziz, Bob et frère Tuck célébraient le culte universel de la bonne chair partagée.

Cette vision surnaturelle eut définitivement raison de ma morosité et je décidai de me joindre à eux…

À l'image de ces amitiés paradoxales qui s'étaient nouées au fil de l'Horreur, la soirée se déroula dans une curieuse ambiance : une frénésie quasi-vitale de libations gustatives et intellectuelles tout d'abord, puis, avec les heures tardives, revinrent les émotions enfouies et les souvenirs graves.

Sans vraiment nous en apercevoir, nous évoquions, chacun à notre tour, parfois hors contexte, un moment, un instant qui avaient particulièrement marqué nos esprits : la découverte des corps, l'énigme qu'ils constituaient, les recherches savantes, les folles hypothèses…

Puis la passion, le besoin de vérités dissimulés en chacun de nous refit surface tandis que se dissipait le chagrin que nous avait tous (inexplicablement, car j'étais pratiquement le seul à le connaître) causé le suicide de Casanova : une affaire dont la fin n'en était pas vraiment une, pour chacun de nous. Et ce, d'autant plus que Bob pensait avoir découvert un nouvel élément…

– Je… J'ignore si ce que j'ai à vous dire peut changer quelque chose, puisque l'affaire est officiellement close… Cependant, je pense que chacun d'entre nous s'est suffisamment investi dans cette enquête pour vous révéler les dernières conclusions de mon travail…

Nous étions, tous trois, suspendus à ses lèvres et je compris que même frère Tuck ignorait la teneur des propos que son comparse allait tenir.

– Comme vous le savez, Ange m'avait plus particulièrement confié l'examen et l'analyse des scarifications retrouvées sur chacune des victimes, y compris celles sur les deux jeunes femmes découvertes à Notre-Dame de la Treille. Je tiens d'ailleurs à remercier Aziz de m'avoir personnellement apporté les relevés des motifs gravés sur les derniers corps…

Un cliquetis inopiné nous fit sursauter, marquant l'extinction soudaine, faute de bande magnétique, du raï sensuel qui accompagnait jusqu'alors nos conversations : personne n'eut le courage de rompre le silence qui s'était ainsi imposé. Bob reprit :

– En étudiant les quatre dessins, j'ai tout d'abord été frappé à nouveau par la rigoureuse similitude des motifs : les mêmes mots, les mêmes incantations inscrites en miroir… Et puis, pour la première fois, j'ai changé de mode de raisonnement : au lieu de m'attacher aux ressemblances, je décidais de dépister les différences… Et là, quasi-indétectables, noyés dans le fouillis des inscriptions multiples, je mis en évidence des signes tronqués, incomplets, dépourvus de toute signification, mais placés dans les mêmes zones sur chacun des cadavres : un hasard trop parfait pour n'être que coïncidence… J'ai donc recopié scrupuleusement ces fragments de symboles sur quatre feuilles distinctes, essayant de trouver

progression logique, un lien quelconque… J'ai bien
renoncer, je crois, mais le destin en avait décidé autrement. La nuit était tombée, en effet, et avec elle la luminosité. Je fus contraint d'éclairer la pièce où je me trouvais : j'allumais donc, protégeant mes yeux de cette lueur vive et soudaine, avec mes notes manuscrites… C'est ainsi, que je vis se former, à ma grande surprise, des lettres parfaitement identifiables : la superposition des signes incomplets inscrits sur chacune des feuilles s'ordonnait en mots tout à fait lisibles. Le meurtrier avait semé, sur chacun des épidermes torturés, les éléments d'un puzzle que le hasard avait judicieusement juxtaposés…

Effectivement, si ces trouvailles ne changeaient probablement rien au dossier Boucher du Vieux Lille, elles ravivaient en revanche l'esprit qui avait, quelques jours plus tôt, soufflé sur la *dream team* et je regrettais amèrement l'absence de Vanacleef.

– C. Fournière, F. Boulonnois, P. Imbert et M. De Sains, tels sont les noms, je suppose, que formait la juxt…

– Par Jésus-Christ !

Galvanisé par ce juron profane, frère Tuck s'était soudain levé, déplaçant une masse d'air directement proportionnelle à son corps gargantuesque : une véritable tornade rédemptrice !

– L'exorcisme des Brigittines de Lille… 1620… non, 1613, oui c'est ça !… Les quatre nonnes possédées : sœurs Catherine Fournière, Françoise Boulonnois, Péronne Imbert et Marie de Sains, l'Exaltée… C'est… Mais qu'est-ce que… Il me faut… Oui, il me faut du vin, et tout de suite !

Stupéfaits non, sidérés plutôt, et encore ce mot me paraissait bien faible pour décrire l'état d'esprit dans lequel nous étions, l'Ange, La Gargouille et Bob. Mais sur un point au moins, je m'accordais avec frère Tuck : nous avions tous grand besoin d'un peu de rationalisme en bouteille millésimée !

Chapitre 37

Cinq

Sur la flamme du gaz, la théière renvoyait les éclats cuivrés de l'aube naissante lorsque frère Tuck acheva son récit. Nous avions écouté, sans jamais oser l'interrompre, son interminable monologue : se reprochant je ne sais quelle erreur d'appréciation tout d'abord, il nous avait ensuite entraînés dans un fascinant voyage dans le temps, quelque quatre siècles avant notre XXIe quotidien, en juin 1613, pour être plus précis…

– « J'ai abandonné au Diable mon corps, mon âme […] J'ai placé sous les accoutrements des nonnes, aux paillasses de leurs couchettes, un maléfice […] qui devait causer l'extermination de la communauté. Ce maléfice fut inventé au sabbat par Louis Gaufridi et il était composé avec des hosties et du sang consacrés, avec des poudres de bouc, des ossements humains, […] avec des morceaux de foie, de rate, de cervelle… »

En écoutant ces paroles, authentiques il paraît, j'imaginais un scribe encapuchonné notant d'une plume scrupuleuse cette « confession » arrachée entre deux hurlements de douleur au fin fond d'une cave sordide...

Mais non. À mon grand étonnement, Marie de Sains, sœur exemplaire devant Dieu, avait débité cette litanie de son propre chef devant le champion ès exorcisme de l'époque : le père Doompt. Je n'avais fait aucun commentaire (la fatigue, sans doute...), mais je soupçonnais frère Tuck d'atténuer subtilement les aspects les plus cruels de la fonction d'inquisiteur royal : un zeste de solidarité corporatiste, probablement...

Ainsi, depuis le début du printemps 1613, la petite communauté religieuse des Brigittines alimentait rumeurs et inquiétudes au sein de la populace lilloise : le démon semblait s'être emparé du couvent où les chastes nonnes s'illustraient en noces païennes ! L'intervention du Diable ne faisant aucun doute (en ces temps obscurs, on ne disposait pas encore de la psychiatrie comme régulateur social, alors on improvisait...), l'archevêché décida, afin de calmer la bonne ville de Lille, d'engager deux spécialistes de la chasse aux sorcières : le père François Doompt, maître incontesté de la catégorie, et le révérend Sébastien Michaélis, son rapporteur officiel.

Dès leur arrivée, les deux hommes confirmèrent le diagnostic populaire : trois des sœurs, Catherine Fournière, Françoise Boulonnois et Péronne Imbert étaient totalement investies par Satan. Ils procédèrent alors aux cérémonies d'usage : privations de sommeil, jeûne, recherche de la marque du démon et présentation de reliques saintes (garanties trois ans, pièces et main d'œuvre) à la possédée pour en chasser l'intrus malintentionné. Mais le traitement ne pouvait être efficace que si l'on retrouvait la source véritable du mal : c'est là qu'intervint Marie de Sains dont les révélations spontanées et pittoresques (l'extrait cité par frère Tuck laissait augurer d'une suite truculente que je me promettais de dénicher rapidement) avaient arrangé tout le monde.

Le procès fut bref : témoins, aveux, motivations, rien ne manquait, alors pourquoi s'embarrasser d'une défense ?

La sentence tomba le 6 juin 1613 : le cachot à vie... Mais rien ne changea dans la petite communauté : le Diable persistait à y harceler les quelques nonnes encore indemnes.

Il faudrait donc trouver une autre coupable.

Frère Tuck avait interrompu là son récit, affirmant (il se trompait, hélas) que la suite ne nous apporterait aucun autre élément exploitable...

Voilà.

Bob déplia son corps endolori, se levant pour partir, tandis que son religieux comparse rattrapait ses longues minutes de déshydratation en vidant d'un trait trois fois trente-trois centilitres d'une bière amère. Je décidai, pour ma part, qu'il était décidément trop tard (trop tôt ?) pour me lancer dans le calcul de la consommation éthylique du moine. Et je n'esquissai pas le moindre geste lorsqu'ils disparurent dans le couloir, raccompagnés par Aziz...

Mon cerveau tentait de rassembler toutes les informations et de les compiler de manière rationnelle. Je le laissai donc faire, admirant ses capacités de synthèse :

« Primo, frère Tuck avait définitivement abandonné la piste druidique (mais si voyons, la fameuse légende de la déesse irlandaise dont le jogging tourne au cauchemar !). Il pensait, en effet, qu'il s'agissait d'un vrai-faux indice destiné à nous mettre sur la piste de sainte Brigitte sans toutefois nous l'indiquer clairement[1]...

« Secundo, il semblait que le meurtrier avait bâti sa logique criminelle (il l'avait affichée en citant les noms des quatre sœurs) sur un épisode tragique de l'épuration satanique en cours au XVIIe siècle. Frère Tuck s'engageait même plus loin en affirmant que le tueur s'était probablement identifié au père Doompt et poursuivait, de manière sanglante, son « œuvre » rédemptrice.

« Tertio, on pouvait en conclure que le Boucher du Vieux Lille était non seulement un taxidermiste expert, mais qu'en plus, il était spécialiste en histoire de l'Inquisition. Ce qui, hélas, cadrait tout à fait avec le personnage de Casanova... »

Je ne m'étais même pas aperçu du retour de La Gargouille dans la pièce silencieuse. J'avais fermé les yeux, tout simplement. Mais j'étais éveillé, enfin je le croyais. Alors pourquoi me recouvrait-il avec cette couverture ?

« Voyons, Aziz, voulus-je lui dire, tu vois bien que je ne dors pas, je sombre. »

Et je sombrai...

---

1. Explication : en fait, il existait deux saintes portant le même nom, l'une celtique, la déesse mutilée et l'autre, suédoise, à l'origine du couvent des Brigittines. Ainsi, l'assassin nous aurait inconsciemment montré la bonne direction par une référence erronée. Bref, tout cela m'apparaissait horriblement compliqué mais la seule chose à retenir semblait se résumer en trois mots : exit les druides !

Chapitre 38

Quatre

La lame du couteau s'enfonçait dans le bois tendre de la table, traçant de petites rides superficielles au fil de sa course distraite.

Les doigts crispés sur le manche, Ambre fixait un point imaginaire situé quelque part derrière moi, me révélant une nouvelle propriété de mon corps : la transparence...

Cette présence absente était la pire des choses qu'il m'ait été donnée de supporter, et je songeais à ce cruel paradoxe qui transformait les êtres les plus chers en redoutables bourreaux.

Je détournais donc mon regard, soudain rassuré par les présences silencieuses de Zabo et de Jason, attablés avec nous : pour la même raison, sans le savoir (je devinais en effet, en chacun d'eux, la blessure d'un amour profondément refoulé pour Ambre), ils développaient depuis quelques jours des trésors d'attention fidèle.

C'était bien simple, ils s'occupaient de tout : veillant sur Ambre à tour de rôle alors que je ne me sentais même pas la force d'affronter son désespoir, s'acquittant à merveille de ces petites dispositions matérielles qui jalonnaient le quotidien, alors que j'étais incapable de savoir quel jour nous étions.

J'étais rentré quelques heures plus tôt, vers onze heures, de ma fugue chez Aziz. Je m'étais éveillé, étonné presque de me retrouver en position fœtale au milieu de son salon : sur un plateau de cuivre, m'attendaient une théière, quelques pâtisseries noyées de miel et un mot que Vanacleef avait confié aux bons soins de La Gargouille. Officiellement, il était en vacances, officieusement, son bureau m'était ouvert jour et nuit : décidément, sous le soleil des Carpates, les terreurs devenaient sentimentales…

Et puis il avait bien fallu revenir dans cette étrange bâtisse dont l'atmosphère m'oppressait un peu plus à chaque instant : un domaine qui semblait ne plus appartenir qu'au fantôme d'un vieil aveugle et à l'âme « naturalisée » de la jeune femme que j'aimais.

Ambre. Ambre. AMBRE.

Malgré mes supplications muettes et les soins attentifs des deux seuls êtres réellement vivants de la maison, elle persistait à ignorer toute réalité environnante, enfermée dans un monde qui ne nous appartenait pas. Loin, très loin de moi…

Et tandis que je massacrai d'une fourchette négligente le festin préparé par Jason, je me remis à fixer l'acier inoxydable qui martyrisait spasmodiquement le bois de la table, sentant chaque coup me transpercer le cœur…

Ce fut Zabo qui mit fin à ce repas lugubre, raccompagnant Ambre dans sa chambre au premier étage, tandis que Jason se concentrait sur des tâches ménagères. Je restai quelques instants encore assis sur ma chaise à contempler la place vide en face de moi, puis, par une initiative involontaire, j'allai m'installer dans la bibliothèque. En prenant place sur le fauteuil avachi, je me demandai soudain ce que je faisais là, mais un spectre aux cheveux blancs, m'apercevant alors, me confirma, d'un sourire, que j'y étais le bienvenu.

Le reste de la journée s'écoula au fil de cette morne apathie et mon esprit errait entre les rayonnages précieux et les créatures empaillées qui m'entouraient. De temps à autre, je percevais le craquement d'une latte de plancher, le grincement d'une porte, autant de manifestations destinées, sans doute, à me ramener dans la réalité. En vain.

Soudain, je crus percevoir l'odeur douceâtre d'un tabac parfumé, je tournai la tête, dilatant mes narines : pas de doute, Casanova avait décidé de m'adresser un nouveau message diaphane. Il se tenait, là, à la place même qu'il avait occupée de son vivant lors de ma « leçon de taxidermie », à la place même qu'il avait occupée, plus récemment, pour m'épater avec son apparition posthume…

Je me réveillai en sursaut, seul : pas l'ombre d'un revenant à l'horizon ! Ouf. J'étais bien au milieu des inestimables ouvrages de l'aveugle disparu, à l'abri de ces mêmes murs où s'étiolait Ambre. La nuit était tombée.

Et je n'étais pas totalement fou (le sommeil et ses rêves corollaires permettaient, à mon grand soulagement, de telles manifestations surnaturelles) ; surtout, j'avais retrouvé mes esprits : « si la *Mendiante* est 88e, alors la Vérité sera trois fois dix et une… »

La Mendiante rousse ! L'ode de Baudelaire que nous avions récitée ensemble à la galerie ! L'énigme de Casanova devenait limpide, d'autant plus qu'il m'avait fourni un autre indice : le recueil des *Fleurs du Mal* que sa main sans vie tenait au moment de son suicide !

Je me levai d'un bond, dénichant rapidement l'ouvrage en question dans la bibliothèque : quelques pages fragiles ne résistèrent pas à mes recherches fébriles, s'envolant, déchirées par mes doigts empressés…

52. 67. 86. 87. 88 : « À une Mendiante Rousse », mon intuition ne m'avait pas trompé. Je me précipitai alors sur le trente et unième poème : « Le Vampire ». Mon enthousiasme retomba d'un seul coup, submergé par ce nouveau mystère. Et puis j'aperçus la silhouette répugnante de l'animal suspendu, tête en bas, dans une niche de la pièce. Une minuscule chauve-souris empaillée, qui, sous des cieux exotiques, se nourrissait de sang. Quelques mètres, à peine, me séparaient du *vampire* naturalisé : je les franchis d'un bond, avant de ralentir, soudain effrayé par ce que j'allais pouvoir trouver… Au pied du montage, splendide de réalisme par ailleurs, un petit coffret contenait une cassette audio portant mon nom…

Deux mains d'une blancheur extrême vinrent soudain couvrir mon regard, je poussai un cri de surprise en me tournant brutalement : le vert d'un regard profond, encadré d'une toison rousse, me fixait avec passion.

Ambre !

Elle ne dit rien, posa lentement un doigt sur ses lèvres et m'entraîna vers sa chambre…

Chapitre 39

Trois

De son regard aveugle, la lune, ronde, profanait l'intimité charnelle de la chambre, soulignant d'une aura maladive chaque geste, chaque silhouette, cuivrant les seins nus d'Ambre gémissante : le corps à corps brutal dans lequel nous nous abandonnions touchait à son paroxysme…

Sous mes omoplates meurtries, je sentais les reliefs minuscules du parquet où j'étais allongé, dominé par cette femme possédée : soumis, je suivais le mouvement spasmodique de ses hanches ébranlées par la transe frénétique du désir. Sur son visage, noyé par le ressac de sa chevelure rousse, je regardais chaque muscle tendu, chaque contracture défigurer ces traits que je ne reconnaissais plus. Soudain, les accents rauques de son souffle se muèrent en sonorités de plus en plus aiguës, tandis que du fond de son ventre montait le cri du plaisir. Elle riva ses yeux dans les miens, me plongeant dans le souvenir (déjà lointain, me sembla-t-il) d'une identique communion au cœur d'une galerie de peinture…

Nos organismes entamèrent soudain leur ultime fusion, tandis que nos âmes tentaient de se rejoindre, vainement : je restais, en effet, curieusement étranger, comme un voyeur fébrile, à ces ébats, toujours plus intenses, plus brutaux. J'assistai ainsi, à cet instant final, à ce moment d'absence extatique qui secoua chaque particule, chaque atome d'Ambre : un dernier soupir, puis le calme soudain, le temps et la chair suspendus en une parfaite immobilité, tandis que le muscle cardiaque continue sa course effrénée. De mon côté, ma participation était restée tout à fait physiologique, comme si mon esprit avait été exclu de ce combat sensuel.

Ambre rejeta tout à coup ses cheveux en arrière. Elle me regardait, essoufflée, un étrange sourire sur les lèvres, une mimique fugace qui, pourtant, m'effraya un instant : je savais à présent ce que devait ressentir le mâle de la mante religieuse. Et puis, la seconde d'après, je retrouvai ma « Mendiante rousse », oubliant déjà son rictus prédateur : une illusion d'optique peut-être, la lueur de la lune sans doute…

Encadrés par la fenêtre, face au lit, d'imposants nuages se regroupaient, formant un cercle de montagnes lumineuses et mouvantes, enserrant le lac noir d'un fragment de nuit : les vapeurs du haschisch commençaient à se jouer de mes perceptions, tandis qu'Ambre s'était précipitée sous une douche glacée. Allongé sur le matelas moelleux à présent, je soufflais la fumée psychotrope, suivant ses arabesques bleutées qui rejoignaient le plafond. Aucune parole, aucun mot inutile n'étaient venu troubler cette sérénité silencieuse qui avait suivi notre étreinte : chacun prolongeant les sensations par quelque artifice mémoriel. Ambre avait choisi l'eau, moi, la facilité…

Elle revint dans la chambre, à peine sèche, de petites gouttes perlant sur sa peau. Je me tournai vers elle, lui adressant une œillade complice. Je remarquai ces rides sur son front qui signaient une contrariété, une préoccupation que je ne parvenais pas à décrypter : elle semblait ailleurs, plongée dans une réflexion intime dont j'étais exclu. J'allais me lever, la prendre dans mes bras pour la rassurer de murmures improvisés, lorsqu'elle s'éveilla soudain, souriante :

– Ne bouge pas, *mon Ange*, je descends dans la cuisine nous préparer un breuvage dont j'ai le secret... Tu verras, il a quelques vertus... intéressantes...

Et elle disparut, ponctuant son départ d'une moue équivoque. Je repris donc ma rêverie toxicomane, la tête pleine de promesses charnelles.

L'attente me parut interminable et je sombrai dans un demi-sommeil, m'apercevant à peine de son retour. Je ne bus que quelques gorgées de sa liqueur amère, m'endormant tout à fait avant d'avoir pu lui refaire l'amour...

La lune, encore. Sa lumière aveuglante, et cette clairière funeste où m'attendaient peurs, souffrances et destruction. Pourquoi ce cauchemar à nouveau ?

Morphée tenait ferme et je n'arrivais pas à me réveiller pour fuir l'horreur à venir. Je m'abandonnai donc, retrouvant, intactes, des images que j'avais cru pouvoir oublier : les créatures, innombrables et monstrueuses, irradiant de cruauté bestiale, la femme-renarde m'arrachant le cœur dans un feulement et surtout, surtout, les orbites creuses de l'Astre-Ambre contemplant mon agonie...

Je me réveillai, d'un bond, fixant d'un air hébété la lueur glauque du radio-réveil : 02 H 00, cela faisait donc plus de quatre heures que j'avais sombré. À mes côtés, la place était vide !

Je me levais, faisant gémir une latte mal ajustée : Ambre n'était pas dans la chambre. Je me dirigeai alors vers la salle de bains attenante : déserte. Seul indice de sa fugue nocturne, une applique translucide éclairait le couloir. Intrigué, j'enfilai rapidement mon jean (la première chose qui m'était tombée sous la main) et m'engageai dans le silence pesant de la maison. J'y croisai à nouveau les armures immobiles et les oiseaux figés, évitant soigneusement de me faire remarquer, de peur d'éveiller à nouveau le spectre de Casanova.

Je débouchai (comme lors de ma première incursion dans cette demeure) dans la cuisine : tout aussi déserte. Je faillis renoncer à ma quête, soudain accablé par un besoin *irrépressible* de dormir : logique ?

Et puis, mon attention fut captée par un bruit sourd en direction de la bibliothèque et je retrouvai les forces nouvelles nécessaires à la poursuite de mes explorations.

Se découpant dans l'obscurité de la pièce cylindrique, entre deux rayonnages encombrés, une petite porte (que j'avais jusqu'alors à peine remarquée) était entrouverte sur les marches déclives d'un escalier en pierre.

Plus bas, une autre lumière m'indiquait la piste, tandis que je percevais les sons étouffés d'une agitation discrète.

Précautionneusement, dans le but avoué de surgir par surprise, je descendis les degrés qui me rapprochaient, probablement, d'Ambre.

Je ne compris pas tout de suite ce qu'elle faisait, masqué par la silhouette charnelle de son corps nu. Et puis…

Le sang s'écoulait, épais, flamboyant, dans les rigoles rutilantes de la table en acier inoxydable. Sur le carrelage blanc de la paillasse, un plateau émaillé recueillait une multitude d'instruments chirurgicaux, soigneusement alignés. Ambre se recula un peu, et je pus voir le cadavre mutilé, solidement attaché sur le plan de dissection : Jason !

En un instant, je vis défiler l'horrible catalogue de ces supplices ô combien familiers : l'abrupte section des membres incomplets, les plaies béantes du visage défiguré, et les arabesques macabres des scarifications rituelles…

J'entendis alors les incantations gutturales qui *semblaient* (tout mon être refusait cette pensée) sortir de la bouche d'Ambre, sans pouvoir esquisser le moindre geste.

Je contemplais cette scène sans vraiment (vouloir) y croire, sans pouvoir m'empêcher de remarquer le crucifix enfoncé dans l'orifice sanglant où auraient dû se trouver les organes génitaux : arrachés, ils reposaient, à terre, sur un linge coagulé…

Et dans un hurlement muet, je suppliai alors la folie de venir me ravir cette raison dont je ne voulais plus…

Chapitre 40

Deux

Le temps avait tenté de réparer, de panser ces blessures qui lacéraient mon cerveau, utilisant ses meilleures armes : les heures, les jours, l'oubli… En vain.

Je ne pouvais cesser de retracer la chronologie macabre de ces quelques jours qui changèrent à jamais le cours de mon existence : j'essayais de comprendre… En vain.

J'avais pourtant écouté, encore et encore, la voix, le murmure presque, de cette bande magnétique, ultime testament de ce vieil aveugle qui avait contemplé la vérité dans toute son horreur… Clic :

« Toi qui, comme un coup de couteau,
Dans mon cœur plaintif es entrée ;
Toi qui, forte comme un troupeau
De démons, vins, folle et parée,

De mon esprit humilié
Faire ton lit et ton domaine ;

– Infâme à qui je suis lié
Comme le forçat à la chaîne. »

« ... *Ces quelques vers... Ces quelques mots, empruntés, encore, au poète... C'est... C'est la seule chose, comprenez-vous Ange, la seule chose à laquelle mon esprit a pu se raccrocher lorsque j'ai découvert... l'Inconcevable...*

Vous souvenez-vous de notre conversation nocturne, à la demeure... Mes inquiétudes, une intuition peut-être, que je vous avais dévoilées... J'étais si proche, hélas, de l'abjecte vérité... Comme c'est difficile, Ange, bien plus difficile que je ne l'avais imaginé. Mais puisque vous entendez cette confession, je sais que vous allez pouvoir comprendre... Je pense même que vous êtes le seul à le pouvoir... Ambre vous aime, vous savez, enfin, l'Ambre que je pensais connaître, la seule qui aurait dû exister... »

Mais la folie n'avait pas voulu de moi, me laissant, perdu, désemparé, en face à face avec ce monstre que je ne reconnaissais pas...

Heureusement, j'avais sous-estimé mes capacités, oubliant cette curieuse aptitude de mon cerveau à évacuer tout sentiment pour prendre le contrôle, et agir à mon insu.

Ce n'est donc pas vraiment moi qui gravis, lentement, silencieusement, les marches irrégulières pour remonter dans la bibliothèque. Ce n'est donc pas vraiment moi qui décrochai le téléphone avec cette étrange sensation de déjà vécu : « Ici la police, veuillez ne pas quitter, s'il vous plaît... »

« *C'est Marie qui a découvert le petit cahier où Ambre notait chacun de ses faits et gestes... Une habitude héritée de son enfance... Je me souviens, lorsqu'elle venait s'asseoir sur mes genoux, à l'époque, pour me lire d'une petite voix quelques morceaux choisis de son carnet intime… J'ignorais qu'elle avait poursuivi ce rituel lorsqu'elle était devenue une femme… Pardonnez ces quelques divagations sentimentales, cher Ange, mais il n'y a que là que je trouve l'énergie de continuer cet enregistrement… C'est donc Marie qui m'apporta la répugnante confirmation qu'Ambre souffrait d'un mal étrange : à ma demande, elle me lut la prose secrète de celle que nous avions élevée ensemble, Marie et moi… Dès les premières lignes, je sentis un malaise, inexplicable au début, s'emparer de moi : le style, le vocabulaire ne correspondaient pas vraiment à ce qu'aurait pu écrire Ambre, trop de froideur, de cruauté… Et pourtant, le récit semblait anodin, relatant l'histoire véridique d'un épisode sombre de l'Inquisition en France, une anecdote qu'elle avait dû dénicher dans l'un de mes ouvrages, l'exorcisme des Brigittines de Lille…* »

Je ne vis même pas les uniformes surgir dans la pièce, moins de dix minutes plus tard (avaient-ils défoncé la porte, je n'avais rien entendu ?) ; je sentis à peine le contact brutal du sol lorsqu'ils me mirent à terre pour me menotter : je n'étais déjà plus de ce monde… J'étais comme une coquille vide, fendue de part en part, regardant mon âme s'écouler au fil de mes larmes intarissables.

La dernière chose dont je me souvienne encore, avant les interrogatoires qui se succédèrent par la suite, c'est d'un hurlement primal, vomi par cet escalier qui m'avait conduit en Enfer : Ambre, ou plus exactement la créature qu'elle était devenue, revenait sur terre avant l'accomplissement final de son rituel sanglant…

« … *C'est ainsi que furent condamnées les sœurs Catherine Fournière, Françoise Boulonnois, Péronne Imbert et Marie de Sains… Ambre relatait tout cela d'une bien étrange façon, s'impliquant par endroits directement dans le récit, et j'avoue que ni Marie ni moi ne comprenions la signification de ces lignes... La suite ne fit qu'accentuer notre incompréhension, d'autant plus qu'elle était tout à coup narrée à la première personne ! Comme si Ambre s'identifiait au personnage d'une certaine Simone Dourlet dont le destin était tragiquement lié à la communauté de sainte Brigitte...*

Il... il faut, je pense, vous révéler les détails de cette dernière histoire... Pour comprendre, peut-être...

Ainsi, lors des confessions arrachées aux nonnes par le père Doompt, le nom de Simone Dourlet était revenu à plusieurs reprises, cette dernière étant accusée d'être l'instigatrice de toute l'affaire... Or, cette jeune femme, dont le seul péché était d'être un peu trop jolie, avait quitté le couvent peu de temps avant pour se réfugier, en secret, à Valenciennes, ville connue pour son libéralisme à l'époque... Le grand inquisiteur, mandaté par le roi lui-même, était donc tenu en échec ! Là-bas, la jeune femme avait fait la connaissance d'un étudiant en philosophie qui l'avait demandée en mariage. Elle accepta, lui faisant jurer de ne révéler à personne sa présence dans la ville. Hélas, le jeune homme dévoila cet amour à sa tante dont, par un cruel hasard du destin, le confesseur n'était autre que le père Doompt ! Ce dernier tenait sa revanche : Simone fut arrêtée, convaincue de sorcellerie (alors que du haut de ses vingt ans, elle avait résisté à la torture) et brûlée en place de Tournai par une belle journée du mois d'août 1613... »

Et puis était venu le temps de la Justice : enquête, instruction, procès ; tout, jusqu'à cette confession magnétique de Casanova, tout accusait irrémédiablement Ambre. Et même la défense, accablée par le mutisme de sa cliente, ne pouvait que réprouver l'horreur de ses actes...

« ... *Je sais que tout ceci est difficile à admettre, mais il semble qu'Ambre pense être une sorte de... de réincarna-*

tion, d'avatar vengeur de cette jeune femme immolée sur le bûcher de l'obscurantisme… La fin de ses carnets décrit en détail chacun de ses meurtres, selon des rituels précis de sorcellerie destinés à livrer les âmes des victimes à Satan… Une diabolique vengeance près de trois cents ans plus tard…

Vous comprenez à présent, Ange, que je ne pouvais pas garder ce lourd secret pour moi seul… Quant à livrer Ambre à la Justice, c'est au-dessus de mes forces. C'est pourquoi j'ai imaginé une petite mise en scène où je me donnerai la mort, m'accusant de tous ces crimes que je n'ai pas commis… Marie m'accompagnera dans cette démarche, pour plus de crédibilité… Pardonnez-moi Ange, mais je l'aime au-delà de tout autre considération… Je ne peux pas supporter l'idée de la savoir enfermée… C'est… c'est un bien lourd héritage que je vous laisse là, peut-être aurez-vous la force… Quant à moi, je donne tout ce que j'ai pour la sauver ; tout, y compris mon âme… »

Nous fûmes suspectés de complicité, Zabo et moi, évidemment. Mais aucun indice, aucune preuve ne venaient confirmer ces hypothèses : nous avions été drogués, les analyses étaient formelles, et nous avions un alibi pour la plupart des crimes. Enfin, c'est ce que je crus comprendre, car j'étais parfaitement détaché de tout ce qui se passait autour de moi, incapable de réintégrer la réalité. Et, lorsque la sentence tomba – réclusion à perpétuité dans un établissement de santé mentale de haute sécurité –, je ne pouvais m'empêcher de penser à la dernière phrase inscrite dans le carnet d'Ambre…

« Et lorsque du bûcher s'élèvent les flammes, dévorant de leurs langues atroces l'âme des Justes, monte vers les Cieux le cri de la salamandre… »

Chapitre 41

Un

Les montants métalliques du lit rivé au sol vibrent à l'unisson des tremblements convulsifs engendrés, dehors, par les machines destructrices. Un petit morceau de plâtre coloré se détache du mur, vaincu par les frémissements ubiquistes : je contemple sa brève chute, le contact brutal avec le lino, projetant une minuscule nuée de poussière sur les pieds nus de la femme assise en face de moi…

Elle n'a pas réagi évidemment, elle ne réagit plus depuis des mois, enfermée dans cet asile en pleine réhabilitation. Ces vieux murs perdus dans les Flandres, où ironie du sort, j'ai vécu mes premières années d'apprenti psychiatre…

Elle, toujours figée là, sur sa chaise réglementaire, à l'étroit dans un pyjama usé, tournant son crâne rasé vers la fenêtre : Ambre, Ambre défigurée, déformée par les effets secondaires des neuroleptiques, par les cicatrices des automutilations, par l'horreur de la folie qui la ronge…

Ambre, Ambre, AMBRE ! M'entends-tu ? J'ai perdu la foi, tu sais, je n'ai plus la force d'espérer : je ne crois plus en la nécessité de croire…

Je ne sais même pas si tu es encore à l'intérieur de ce corps immonde qui t'enveloppe, comme si le monstre qui se tapissait en toi était sorti au grand jour. Je ne sais même pas si tu as jamais existé dans ma réalité…

Quelqu'un a décidé que tu étais folle… Mais, moi, je veux bien admettre que tu es née sur un bûcher, que tu viens d'un siècle révolu, ou que sais-je encore ?

Alors pourquoi restes-tu muette, pourquoi ton regard reste-t-il vide quand il se pose sur moi ?

AMBRE ! Au nom de Nous, réponds-moi !

Mais tu n'es plus vraiment là, je le sais. Alors, bois, mon Ambre, bois, ceci est ton passeport pour l'Ailleurs éternel…

Je regarde ta gorge se contracter au passage de l'amer et mortel poison que je viens de te faire absorber. Déjà, ton souffle s'amenuise…

N'aie pas peur, Ambre, n'aie pas peur, c'est moi, Ange, *ton Ange*…

FIN

Éditions Ravet-Anceau
5, rue de Fives
BP 90019
59651 Villeneuve-d'Ascq cedex
Tél. : 03.20.41.40.70
Fax : 03.20.41.40.75
www.ravet-anceau.fr

Composition : Nord compo, Villeneuve-d'Ascq (59)
Impression : Sepec, Peronnas (01)
Achevé d'imprimer en juin 2009
Dépôt légal : octobre 2006
ISBN : 978-2-9146-5717-4
EAN : 9782914657174

Ravet-Anceau, éditeur depuis 1853, est membre de l'Association des Éditeurs du Nord et du Pas-de-Calais.